装备仿真人机交互旗语识别技术

方虎生　芮　挺　钟　岳　杨子剑
罗吉庆　朱经纬　张海涛　殷　勤　著

北　京
冶金工业出版社
2023

内 容 简 介

本书围绕装备仿真人机交互旗语识别技术，论述了利用深度图像和可穿戴式传感器开展的识别技术研究。主要包括仿真交互技术、基于单目视觉的人体骨架提取、基于深度信息的人体姿态特征提取、基于神经网络的旗语识别研究、基于9轴姿态传感器的旗语动作信号采集及预处理技术、基于融合数据的一维及二维CNN旗语识别研究。

本书涉及深度图像、人工智能、可穿戴技术等技术热点，内容宽泛，追踪前沿。本书可以为教研人员开展科学研究提供参考和借鉴，也可作为高校相关专业研究生的教材。

图书在版编目(CIP)数据

装备仿真人机交互旗语识别技术／方虎生等著．—北京：冶金工业出版社，2022.7（2023.11重印）

ISBN 978-7-5024-9220-5

Ⅰ.①装… Ⅱ.①方… Ⅲ.①军事装备—人-机系统—仿真系统—旗语—研究 Ⅳ.①E145

中国版本图书馆CIP数据核字(2022)第141563号

装备仿真人机交互旗语识别技术

出版发行 冶金工业出版社 **电　　话** (010)64027926
地　　址 北京市东城区嵩祝院北巷39号 **邮　　编** 100009
网　　址 www.mip1953.com **电子信箱** service@mip1953.com

责任编辑 张佳丽 美术编辑 燕展疆 版式设计 郑小利
责任校对 李 娜 责任印制 窦 唯
北京建宏印刷有限公司印刷
2022年7月第1版，2023年11月第2次印刷
710mm×1000mm 1/16；10印张；196千字；152页
定价78.00元

投稿电话 (010)64027932 投稿信箱 tougao@cnmip.com.cn
营销中心电话 (010)64044283
冶金工业出版社天猫旗舰店 yjgycbs.tmall.com
（本书如有印装质量问题，本社营销中心负责退换）

前　言

旗语识别技术是虚拟仿真人机交互的重要支撑，在军事训练、交通、船舶领域有着广泛的应用，人机交互的旗语识别技术是计算机裁决评判的关键。近年来，深度图像识别、可穿戴传感器技术相较传统技术手段有着明显的技术优势，已成为研究的热点，在很多领域得到了广泛的应用。本书围绕装备仿真领域，介绍团队关于旗语识别技术的最新研究成果，展现人机交互的先进性和实效性。本书介绍了旗语识别技术的最新研究成果，围绕图像识别和 Kinect 深度图像的旗语动作识别方法、基于可穿戴传感器的旗语动作识别方法，做了较为系统的论述，主要包括理论基础、建模技术、传感器技术、算法研究、测试验证。本书共分为7章，第1章为概论，主要介绍了虚拟现实与装备仿真、模式识别与深度神经网络、人机交互接口等技术；第2章为旗语识别技术研究，主要介绍旗语信号与捕捉、动作采集与识别；第3章为基于单目视觉的人体骨架提取技术，主要介绍基于背景建模的人体轮廓检测、基于形态学的骨骼提取和人体姿态骨架模型建立；第4章为基于深度信息的人体姿态特征提取技术，主要介绍深度图像获取方法、基于深度图像信息的骨架提取；第5章为基于神经网络的旗语识别研究，主要介绍基于空间位置的旗语识别方法、基于深度信息的人体模型建立、基于神经网络的旗语识别方法、优化与实现；第6章为基于9轴姿态传感器的旗语动作信号采集及预处理技术，主要介绍基于可穿戴传感器的旗语动作采集、平台搭建、动作模型和信号检测分割；第7章为基于融合数据的一维及二维 CNN 旗语识别研究，主要介绍一维 CNN 网络结构与参数设置、二维网络模型、Inception-ResNet 网络模型构建和联合损失函数分类模型。

本书是项目团队开展仿真训练系统领域研究的最新理论和应用成果。张金林高工对本书的成稿提供了很多宝贵的资料和建议，罗吉庆、唐鹏飞等做了校核，在此一并表示衷心的感谢！本书在编写过程中，参阅了一些文献资料，还有部分参考文献未能一一列出，在此一并向相关作者表示衷心感谢！

由于书中内容涉及传感器、图形图像、数字信号处理、机器视觉、计算机等多学科专业知识，加之著者水平有限，书中不妥之处敬请读者批评指正。

著　者

2022 年 1 月

目　　录

1 概　　论

装备仿真是系统仿真领域的重要应用，装备仿真技术涉及计算机技术、模式识别、图形图像技术、嵌入式技术及传感器技术等前沿高新科技。装备仿真技术通过建立仿真训练系统对真实的场景进行模拟，将训练人员与实际场景联系起来。仿真训练具有安全、经济、可重复、可控制、低风险的优势，且不受复杂环境和场地空间影响。

1.1　虚拟现实与装备仿真

虚拟现实技术（VR）是一种可以创建和体验虚拟世界的计算机仿真系统，它利用计算机的运算能力构建虚拟环境，使用户沉浸到该环境中并完成角色扮演和虚拟互动。虚拟现实技术就是利用现实生活中的数据，通过计算机系统、嵌入式系统产生的电子信号，将其与各种输出设备结合使其转化为能够让人们感受到的现象，这些现象可以是现实中存在的物体和场景，也可以是完全不存在的物质，通过三维模型表现出来。

虚拟现实和装备仿真系统的重要支撑技术是人机交互技术。人机交互（HCI，Human-Computer Interaction）：是指人与计算机之间利用硬件输入输出系统，采用特定的对话机制，通过一定的交互方式，为完成确定任务的人与计算机之间的信息交换过程。人机交互的一个重要问题是怎样提高人机交互的自然水平，即易用性、灵活性和准确性。易用性主要指人机交互设备的快速部署和方便简洁实用；灵活性主要指人机交互设备的模块化组成；准确性主要指人机交互系统能够准确反映计算机和人的交互行为。5G、云平台、物联网、机器视觉、人工智能、大数据等技术的不断进化，深深地影响着我们的生活，也正在深度改变着人与机器之间的关系。更自然的沟通方式和更智慧的交互，让我们无限接近未来场景和虚构环境。

装备仿真技术主要包括协同训练仿真和单个装备的技能操作。单个装备的技能操作主要是利用仿真系统做支撑，帮助受训人员学习装备理论知识和开展虚拟操控。在理论知识方面主要包括装备的组成原理、零部件结构、技术性能参数、装备的操作规程、安全性能以及常见问题；虚拟操控主要是在不同的虚拟自然气候场景下、不同的地理地貌环境、不同的时段开展装备的驾驶、作业、异常处置等操作，帮助受训人员尽快掌握装备的理论知识、熟悉装备的操作流程和技巧。系统训练仿真主要是通过多个角色扮演，多人在同一地点或异地参与的训练过程，仿真系统可以设置特定的训练场景和设定的任务，由多人协作，开展虚拟仿真训练，通过协同训练，可以提高受训人员的协同意识和团队协作能力。近年来由于计算机运算能力的大幅提高和网络互联技术的快速发展，协同仿真技术快速嵌入到装备仿真系统。

1.2　模式识别领域的深度神经网络

随着数据的大量累积以及计算机性能的提高，深度神经网络在模式识别领域表现出卓越的性能并得到了广泛应用。本节将对深度神经网络的基本理论和典型的网络进行研究，并提出衡量模式识别算法性能的定量评价标准。

1.2.1　深度神经网络

根据生物结构或功能的基本原理催生出新设备和新技术是科学研究的一个重要路径，推动人类社会不断进步。受人类脑神经系统强大的信息处理能力的启发，学者们依托于大量非线性处理单元以及它们之间复杂的联接模拟组成人脑神经系统的神经元和突触，在计算机上建立了人工神经网络（ANN，Artificial Neural Network）来解决自动控制、模式识别、辅助决策等领域的一些问题。智能化是未来设备的必然趋势，而智能的基础就是对外界数据的感知以及划分类别。在算法应用于解决更加复杂的工业分类问题的过程中，数据样本在特征空间的复杂度不断增加，这就需要分类器对复杂的、维度更高的数据有良好的拟合效果，与线性分类器相比，人工神经网络通过学习数据中非线性隐式关系展现出更好的性能。选择典型的逻辑回归线性分类器作为对比对象，如图 1-1 所示。通过比较观察分类的可视化决策边界，很明显人工神经网络这种非线性分类器在面对生成的复杂非线性数据时拟合效果相较逻辑回归线性分类器更好，同时定量化对比分析分类结果，人工神经网络的分类准确率明显比逻辑回归线性分类器高，如表 1-1 所示。

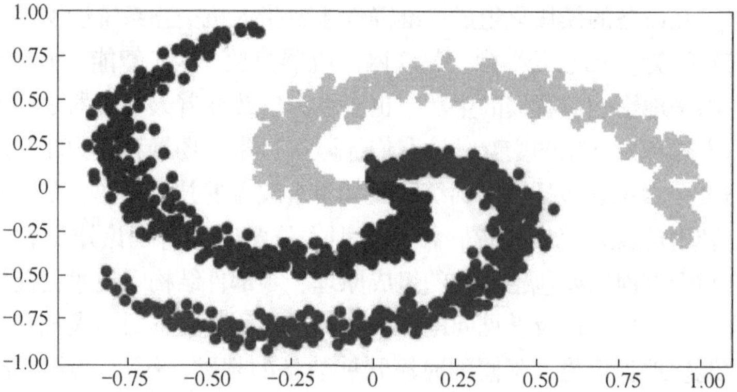

(a)

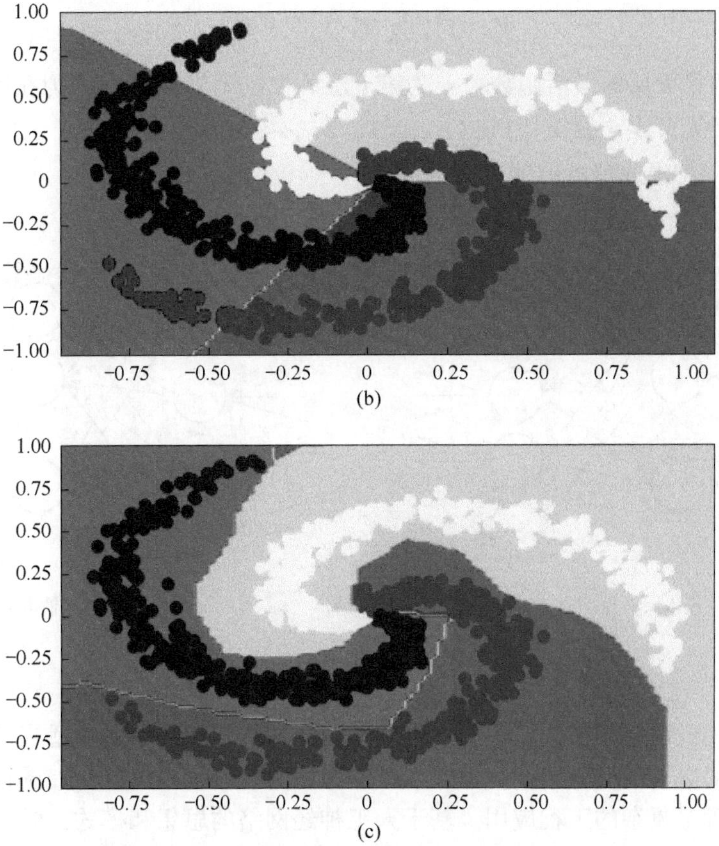

图 1-1 可视化分类器应对复杂数据时的分类效果

(a) 生成的复杂非线性数据；(b) 逻辑回归线性分类器分类结果；(c) 人工神经网络分类结果

表 1-1 定量化对比分类器分类效果

分类器	准确率/%			平均准确率/%
	类别 1	类别 2	类别 3	
逻辑回归	52	60	53	55
人工神经网络	100	99	99	99

人工神经网络由输入层、输出层和隐藏层构成，输入层接收的特征向量通过隐藏层的非线性变换得到分类结果由输出层输出，如图 1-2 所示。特征空间中的输入 $\boldsymbol{X}=[\boldsymbol{x}_1, \boldsymbol{x}_2, \cdots, \boldsymbol{x}_n]$ 经过式（1-1）的 K 层映射，最终得到输出 $\boldsymbol{Y}=[\boldsymbol{y}_1, \boldsymbol{y}_2, \cdots, \boldsymbol{y}_m]$。对于神经网络的第 k 层（$k \in \{1, 2, \cdots, K\}$），输入为 $\boldsymbol{X}^k=[\boldsymbol{x}_1^{k-1}, \boldsymbol{x}_2^{k-1}, \cdots, \boldsymbol{x}_{o_{k-1}}^{k-1}]$，输出为 $\boldsymbol{Y}^k=[\boldsymbol{y}_1^{k-1}, \boldsymbol{y}_2^{k-1}, \cdots, \boldsymbol{y}_{o_k}^{k-1}]$。

$$y_j^k = f^k\left(\sum_{i=1}^{o_{k-1}} w_{i,j}^k x_i^{k-1} + b_j^k\right) \tag{1-1}$$

式中，f^k为第 k 层的激活函数；o_k 为第 k 层的神经元节点数；$w_{i,j}^k$为在第 k 层输入 x_i^{k-1} 到神经元节点 j 权重矩阵（$i\in[1, 2, \cdots, o_{k-1}]$，$j\in[1, 2, \cdots, o_k]$）；$b_j^k$ 为第 k 层神经元节点的偏置向量。

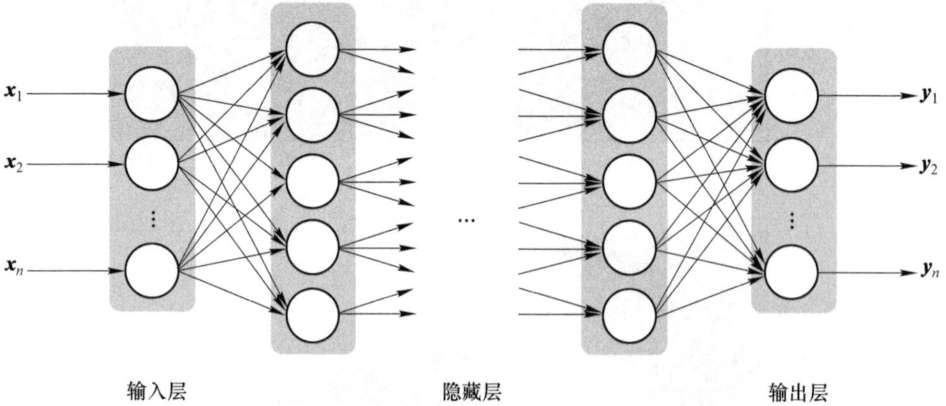

图 1-2 人工神经网络示意图

人工神经网络凭借大量神经元中的线性和非线性映射，通过适当的训练学习能够实现对数据的有效归纳。但其表征能力相对较差，难以应对如图像识别、自然语言处理等复杂的工程应用。基于人工神经网络的思想和模式，学者们通过加深网络层数来提取更抽象的特征演变成目前性能优越的深度神经网络。卷积神经网络是深度神经网络中研究最广泛的一种。卷积神经网络具有实时共享网络权重和稀疏交互的特性，能够大大减少网络参数。卷积神经网络由用于提取特征的卷积层（Convolutional Layer）、激励层（Activation Layer）、池化层（Pooling Layer）和用于分类的全连接层（FC，Fully Connection Layer）等基础层构成，为了在训练中提高网络性能还包括 Dropout 层和批量归一化层（BN，Batch Normalization Layer）等。

1.2.1.1 卷积层

传统意义上的人工神经网络是全连接的，即本层的神经元节点与上一层的所有神经元节点连接，每个连接对应独立的权重和偏移参数，计算量很大，这就对网络参数储存提出更高的要求。在生物学中，人视觉系统中的单个神经元对环境的感知是局部的，只对部分区域敏感。同时在计算机视觉中，图像中距离较近的像素相关性较强，而距离较远的像素相关性较弱，所以网络中单个神经元节点没有必要对图像的全局进行感知，只需对图像局部进行感知，网络通过神经元节点稀疏连接的卷积层来提取局部特征。卷积是两个变量在某范围内相乘后求和的结果，离散形式如式（1-2）所示。

$$y(n) = x(n) * h(n) = \sum_{i=-\infty}^{\infty} x(i)h(n-i) \tag{1-2}$$

式中，$*$ 为矩阵的卷积运算；$x(n)$ 和 $h(n)$ 为两个序列；$y(n)$ 为卷积结果。在数字信号处理领域，信号在某个时刻的输出受前一时刻的输出的影响，所以通过系统的单位响应与系统的输入求卷积以求得系统的输出信号。图像是典型二维离散信号，通过式（1-3）二维离散卷积对图像中每个位置进行线性变换映射成新值。

$$y(m, n) = x(m, n) * g(m, n) = \sum_{m=-\infty}^{\infty}\sum_{n=-\infty}^{\infty} x(m, n)g(i-m, j-n) \tag{1-3}$$

式中，$x(m, n)$ 为输入的大小为 $m \times n$ 数据矩阵；$g(m, n)$ 为权重矩阵；$y(m, n)$ 为二维离散卷积结果。

卷积神经网络中的卷积层由多个具有不同权重的特征图构成，每个特征图上的神经元节点通过可学习的权重矩阵（即卷积核）与前一层局部的一组神经元节点相连，所以相邻层的神经元节点是稀疏连接的。卷积层的计算公式如下：

$$y_j^l = \sum_{i \in M_j} x_i^{l-1} * k_{ij}^l + b_j^l \tag{1-4}$$

式中，$*$ 为矩阵的卷积运算；M_j 为第 j 个特征图中由神经元节点组构成的特征集和；x_i^{l-1} 为上一层输出的关联特征图中第 i 个神经元节点组；k_{ij}^l 为连接两层特征图的卷积核；b_j^l 为特征图上各个位置对应的偏置参数。为了保证网络提取的特征对存在偏移的输入的鲁棒性，单个特征图使用一个卷积核，这就使得特征图不同位置神经元节点组共用一组权重，减少了计算消耗。网络浅层的卷积层只能提取低级特征，如边缘、角点和纹理等基本视觉特征，这些特征被后续的多层卷积组合提取出更高级更抽象的特征。从网络的可视化特征图明显看出，随着网络变深，卷积层提取出的特征更抽象。

1.2.1.2 激励函数

网络仅靠卷积的线性映射难以对实际环境中大量存在的非线性数据进行建模，所以需要通过在上下层特征图中神经元节点间增加几乎处处可微分的非线性激励函数来增加网络非线性映射的学习能力，非线性函数的嵌套加强了网络对复杂非线性数据的拟合效果。最开始单层的人工神经网络即感知机（Perceptron）采用的激活函数是阈值激活函数，阈值激活函数在除设定的阈值外其他区域的导数均为 0，权重、偏置量等参数发生微小变化时输出不发生变化，这就使得训练时的损失值不发生变化，不利于网络训练过程中的参数更新，所以在这里不对这种函数进行讨论。目前广泛使用的激励函数包括 S 型函数（如 Logistic 和 tanh）、线性整流函数（ReLU，Rectified Linear Unit）及其变体等，相应的函数图像如图 1-3 所示。

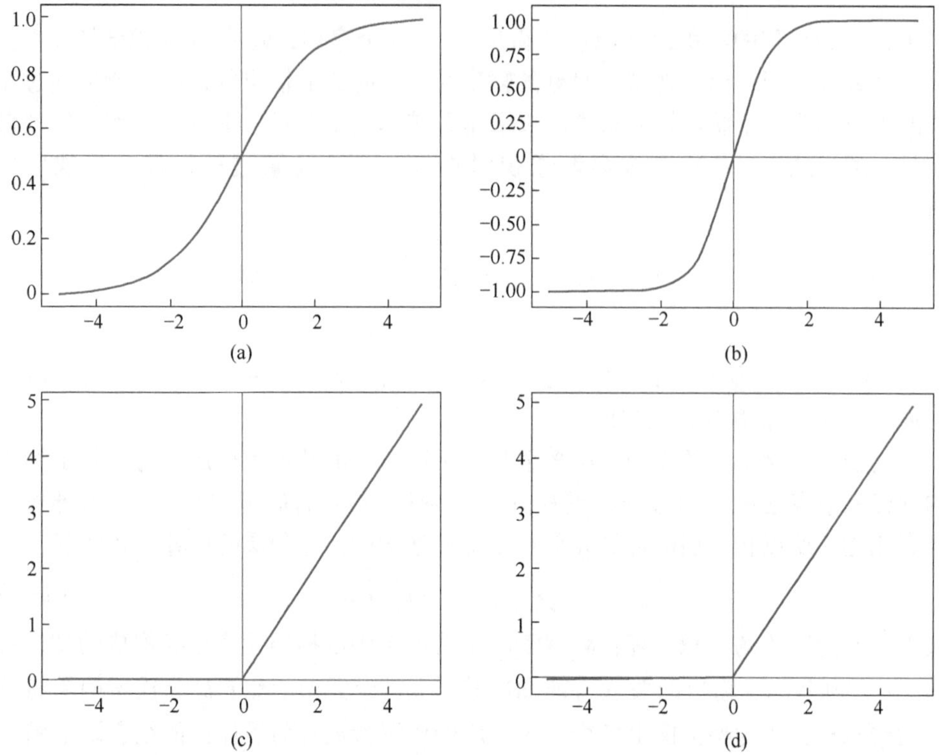

图 1-3 CNN 常用的激励函数图像

（a）Logistic 激励函数；（b）tanh 激励函数；（c）ReLU 激励函数；（d）Leaky-ReLU 激励函数

S 型函数对中央区域的特征敏感，而对两侧区域的特征不敏感，因而在网络学习中将少部分重要特征推向中央区域响应，将大部分非重要特征推向两侧区域抑制。式（1-5）定义的 Logistic（即 Sigmoid）是最开始广泛使用的非线性激励函数。

$$f(x) = \frac{1}{1 + e^{-x}} \tag{1-5}$$

Logistic 函数在拉大数据差异的同时进行归一化处理，将输入的实数非线性地压缩到（0，1）区间。Logistic 函数在输入的绝对值很大时趋于一个定值，所以其导数在 0 值处最大，而当输入非常大或非常小时导数趋于 0。网络在训练过程中是从后往前更新的，一旦落入两端的饱和区域，梯度会变得非常小，极大概率出现梯度弥散现象，权重参数无法更新。Logistic 函数的输出均值为 0.5，在数据的正向传播过程中产生偏置，而在反向传播时候参数向着输入值符号相反的方向更新，影响模型收敛速度。tanh 激励函数的定义如式（1-6）所示。

$$f(x)=\frac{e^{x}-e^{-x}}{e^{x}+e^{-x}} \tag{1-6}$$

tanh 函数可以视为对 Logistic 函数拉伸和平移的结果。如图 1-3（b）所示，将 tanh 函数输入的实数非线性地压缩到（-1，1）区间，但函数的输出均值为0，不会出现数据偏置现象，加快了模型收敛速度。tanh 函数与 Logistic 函数有同样的缺点，随着网络加深容易出现梯度弥散问题。分段非线性函数 ReLU 的出现解决了梯度弥散的问题，而且由于计算简单从而提高了计算速度，被深度网络广泛应用。定义如下：

$$f(x)=\max(0, x) \tag{1-7}$$

从图 1-3（c）不难看出，当函数的输入小于0时，输出值为0，网络对这些特征进行抑制；当输入大于0时，原值输出，网络对这些特征进行响应，这样使网络稀疏化，从而关注庞大输入数据中的关键信息，提取的特征更加鲁棒。

ReLU 在正区间的导数恒为1，所以在深层网络中不会出现梯度弥散现象，提高了模型收敛速度。但也正是函数对小于0的输入强制置0，这使得最初未对输入做出响应的神经元节点在反向传播时梯度为0，权重参数不会更新而丧失功能。针对 ReLU 存在的潜在问题，式（1-8）定义的 Leaky-ReLU 函数在输入小于0赋予值较小的梯度系数 α（需要经验设定，一般取0.01，见图1-3（d）），通过放弃网络的稀疏激活性来使网络训练更加稳定。

$$f(x)=\max(0, x)+\alpha\min(0, x) \tag{1-8}$$

1.2.1.3 池化层

池化层即下采样层，作为卷积神经网络的基本单元位于连续卷积层间。在不给网络带来新的参数的情况下，用新的下采样特征来表征特征图不同区域局部特征统计和分析的结果，使得网络更高层的神经元节点以合理的方式覆盖更大的输入区域。图像是高维数据，单纯利用卷积层提取的参数量巨大特征去训练分类器会面临大计算量的挑战，所以通过池化操作在保留空间和特征信息的同时降低原特征图的分辨率，在精简输入到下一层的参数量的同时降低网络计算复杂度。图像在池化后丢弃的是重要度较低的特征，而保留下的特征具有平移和旋转不变性。池化的过程与卷积过程类似，通过滑窗自特征图左上角的位置开始，在水平和竖直两个维度上按从左到右、从上到下的次序对不重合或重合的局部区域的特征进行聚合统计，从而得到新的具有代表性的值。

网络中常见的池化层包括一般池化层（General Pooling Layer）和重合池化层（Overlapping Pooling Layer）等。一般池化层作用于特征图中不重合的局部区域，包括最常用的平均池化层（Average Pooling）、最大池化层（Max Pooling）、全局平均池化层（Global Average Pooling）和全局最大池化层（Global Max Pooling）。平均池化层和最大池化层在操作过程中滑窗在水平和垂直方向上移动的步长等于窗宽，所以相邻的池化区域不会重合，输入到池化层的特征图中的像素点只参与一次特征提取过程。顾名思义，平均池化将特征图局部区域平均值作为池化输出，如图 1-4（a）所示，而最大池化将特征图局部区域最大值作为池化输出。而全局平均池化层和全局最大池化层的滑窗尺度与整个特征图的尺度相同，将每个通道的特征图通过取整体平均或取最大的方式输出为单个像素值来表征对应的特征图，如图 1-4（b）所示。重合池化操作过程与平均池化和最大池化类似，只不过滑窗移动的步长小于窗宽，特征图中某些特征重复作用于下一层特征图的多个位置，以增加一定的计算损耗为代价提高池化后特征图的表征能力。

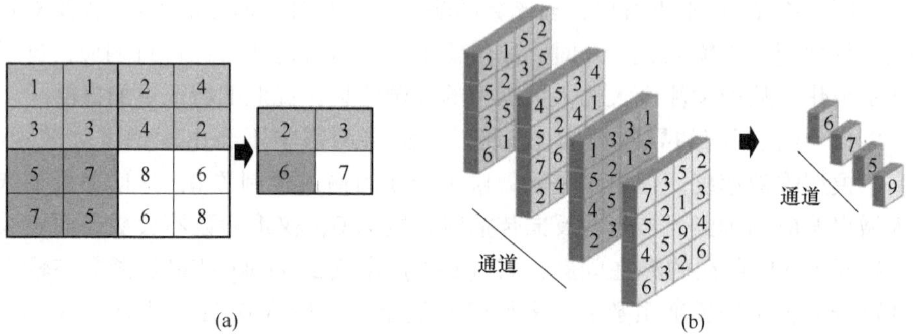

图 1-4 一般池化过程示意图
（a）平均池化；（b）全局最大池化

1.2.1.4 全连接层

全连接层常出现在卷积神经网络的尾端（最后 1~3 层），与传统的人工神经网络类似，通过仿射变换和激活函数的非线性变换将本层每一个神经元节点与上一层的所有神经元节点连接，这种密集连接的方式使得全连接层的参数量在卷积神经网络中占比很大。全连接层将卷积层和池化层学习到数据的分布式特征表示显式地映射到样本的标记空间用于分类器分类。全连接层的特征转化过程如式（1-9）所示：

$$y_c = f(w_g x + b_c) \tag{1-9}$$

式中，x 为前一层输出的全通道特征图；y_c 为全连接层输出特征；w_g 为连接权重；b_c 为偏置因子；f 为激活函数。首先通过全局卷积的方式，采用宽高与特征图相同的卷积核将提取的特征表示从高维特征空间降维到低维特征空间，然后采用激活函数（常用 ReLU）转化为非线性特征。

1.2.1.5 Dropout 层和批量归一化层

深度神经网络在追求更好的性能时网络层数和参数不可避免地增多，模型复杂度变高却学习了一些非代表性特征而造成过拟合。如图 1-5 所示，对于同一类数据，过拟合的网络在训练过程中损失值较小，分类准确率较高；而在测试过程中损失值较大，分类准确率较低，即网络在训练数据上拟合效果较好，而不能很好拟合训练数据以外的数据。

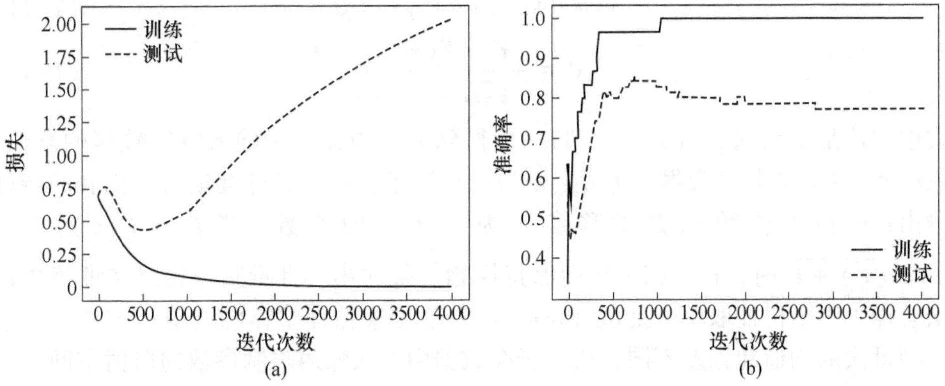

图 1-5 过拟合的网络在训练集和测试集上的损失曲线和分类准确率曲线

（a）损失曲线；（b）分类准确率曲线

Dropout 通过在网络训练过程中随机删除网络中的神经元节点及其连接，防止部分神经元节点的过度协同从而提高模型的整体泛化性能。采用 Dropout 层的网络特征变换如式（1-10）所示：

$$y_j^l = f\left(\sum\nolimits_{i \in M_j} (r_i^{l-1} \odot x_i^{l-1}) * k_{ij}^l + b_j^l\right) \tag{1-10}$$

式中，$\odot$表示元素积。相较没有采用 Dropout 层的网络，特征图在进行卷积之前需要与服从伯努利分布的指示矩阵 r_i^{l-1} 进行元素积，即在指示矩阵中的元素为 1 的概率为 p，为 0 的概率为 $1-p$。首先，按概率 p 随机删除部分神经元节点及其连接，将输入数据通过修剪后的网络前向传播，再通过得到的损失值反向传播更新未修剪网络的权重和偏置参数，这样持续一个批次更新参数后再将删除的神经元节点恢复。在接下来的批次中，再次随机删除部分神经元节点及其连接重复上述操作，这样相当于是对多个有差异的神经网络取平均，从整体减少过拟合。

批量归一化层自提出就被广泛用于解决深度网络的训练问题。网络中神经元节点的连接使得层与层之间有高度的关联性，网络在通过训练更新参数时，网络浅层的参数在发生微弱调整后，通过层层线性映射和非线性激活后，使得网络深层的关联参数的变化较大，导致每一层数据分布发生变化，网络的深层在每次迭代更新过程中需要不断去适应这种分布变化。网络训练的目的是去学习数据分布，这样的内部协变量偏移无疑加大了网络的训练难度。早期增加计算耗损通过白化来规范数据分布，但在一定程度上削弱了网络的特征表达能力。批量归一化在白化的基础上进行简化和改进，通过归一化使数据近似满足高斯分布（均值为0、标准差为1）。定义如式（1-11）所示，批量归一化常用在线性映射和非线性激活之间，为了防止归一化后的数据在经过S型激活函数时陷入梯度饱和区域，引入两个可学习的重构参数恢复特征表达能力：

$$y^l = \mathrm{BN}_{r,\beta}(\hat{x}^l) = \gamma\hat{x}^l + \beta \tag{1-11}$$

$$\hat{x}^l = \frac{x^l - E(x^l)}{\sqrt{Var(x^l) + \varepsilon}} \tag{1-12}$$

式中，$\hat{x}^l$ 是 x^l 经过式（1-12）归一化得到的；$E(x^l)$ 为输入特征数据的均值；$Var(x^l)$ 为输入特征数据的方差；ε 为校正因子；y^l 为经过批量归一化后的特征输出；γ 拉伸参数和 β 偏移参数为可学习的参数。当 $\beta = E(x^l)$，$\gamma = \sqrt{Var(x^l) + \varepsilon}$ 时，批量归一化而保持原始特征输出。批量归一化层在训练中以从总样本中随机抽取单个批次（batch）为单位来估计整体的均值和方差。由于不同批次的均值和方差不同，相当于在数据中加入噪声限制参数的取值空间，也能一定程度上防止过拟合，但在实际深度网络设计中批量归一化层在防止过拟合方面是无法取代Dropout层的。

1.2.2 典型的深度卷积神经网络模型

深度卷积神经网络具有大量参数（如权重、偏置等）和超参数（神经元节点数量、网络层数、迭代次数、学习率、激活函数、卷积核的大小和个数等）。早期的网络性能优化重点主要在于参数、连接重调和学习策略，但其性能未能显著超越传统的机器学习算法。最早的5层结构的LeNet-5有着较小的参数量和计算量，但仅局限于手写数字的识别。随着计算机硬件的进步以及用于模型训练的数据大量积累，深度卷积神经网络凭借自动特征提取能力得到了很好的发展和应用。深度卷积神经网络以分层的方式堆叠多个线性和非线性层来学习数据不同级别的抽象表示，学者通过增加网络深度和提高特征表达能力来提高处理复杂数据的能力。AlexNet是真正意义上第一个深度卷积神经网络结构，相较LeNet-5加深了网络层数来提高特征提取能力，并且提高了网络对不同分辨率图像的泛化能力。单纯地增加网络深度会让训练容易达到局部最优及出现梯度弥散，所以学者在基本层重组和新模块设计的同时会权衡网络深度设计新的网络。深度卷积神经网络通过卷积核尺度调整、深度、路径宽度等方面的优化衍生出许多性能良好并得到广泛应用的模型，如VGG、ResNet和Inception等，使得深度卷积神经网络在处理复杂数据的模式识别任务中显示出先进的结果。

1.2.2.1 VGG 网络

VGG（Visual Geometry Group）是基于 AlexNet 优化的模块化网络，显著地证明了卷积核尺度调整是提高性能的重要因素。VGG 网络设计之初包括 11~19 层的结构，但目前得到广泛应用的是 VGG16 和 VGG19。VGG 网络将基本层组合上升到卷积模块（Convolutional Block），网络整体包括 5 个卷积块，每个卷积块包括 2~4 个卷积层，每个卷积块中反复堆叠卷积操作提高网络深度。VGG16 的网络结构较为简洁，如图 1-6 所示。主要权重层包括 13 个卷积层和 3 个全连接层，网络的输入是 224×224×3 的二维图像。卷积层所用的卷积核数量在每个卷积块中是一样的，但每经过一次最大池化后增加 1 倍，在各卷积块中卷积核数量分别为 64、128、256、512、512。小尺度卷积核用于提取细粒度信息，大尺度卷积核用来提取粗粒度信息。这样，通过调整卷积核尺度，深度网络可以在粗粒度和细粒度细节上均表现良好。VGG 中的每个卷积模块通过堆叠 2 个或 3 个小尺度的 3×3卷积核来得到与 5×5 和 7×7 卷积核一样效果的感受野，能够更好地捕捉上下文信息，相较大尺度的卷积核减少了参数量，同时增加多次 ReLU 激活操作增加非线性表达能力。在卷积层后通过滑窗尺度为 2×2 的最大池化操作降低分辨率来保证网络的平移和旋转不变性。网络尾端连接三个维度分别为 4096、4096、1000 的全连接层实现分类，最后一个全连接层维度在实际设定时与数据集目标类别数相等。VGG19 的网络结构与 VGG16 类似，只不过在后 3 个卷积块中各增加了一个 3×3 卷积层来增加网络深度。VGG 结构简洁，通过不断加深网络层数来提高特征提取能力，但 3 个全连接层使得网络参数较多而耗费大量计算资源。

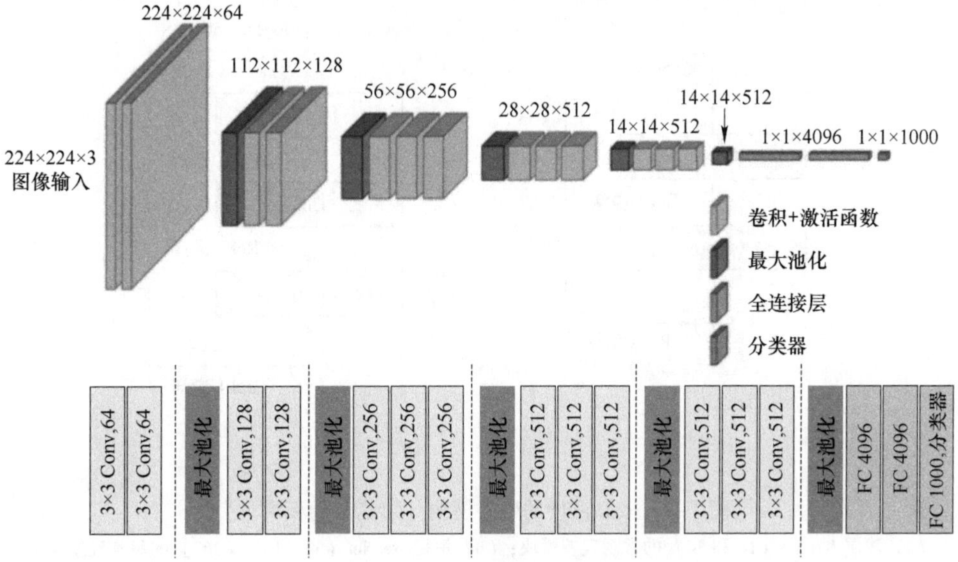

图 1-6 VGG16 网络结构示意图

1.2.2.2 ResNet

残差网络（ResNet，Residual Network）是基于 VGG 的基本结构增加了残差模块，证明了不断深化网络能提高网络的特征提取能力。VGG 系列网络中性能最好的 VGG19 包括 19 层权重层，不少学者根据经验试图继续堆叠卷积块来增加网络深度，但网络性能出现饱和甚至下降。ResNet 利用残差模块来解决网络的这种退化问题，网络的卷积权重层可以显著地增加到 152 层。ResNet 也包括 5 个卷积块，输入图像在特征提取过程中进行了 5 次降采样，网络的降采样通过步长为 2 的 3×3 卷积实现。残差模块输出的特征图 y 由残差特征图 $F(x,\ w)$ 和原始特征图 x 两部分组成，如式（1-13）所示。

$$y = F(x,\ w) + x \tag{1-13}$$

网络从学习输入特征图到输出特征图映射函数转变为学习残差 $F(x,\ w)$，这样在网络反向传播训练过程中的梯度始终保持一个较大的值，而不会随着网络的变深而消失。ResNet 可以通过修改卷积模块内通道数和堆叠残差模块的数量来调整网络深度，从而得到不同表达能力的网络。ResNet 中残差模块如图 1-7 所示，常规残差模块由 2 个 3×3 卷积层堆叠而成，用于浅层的 ResNet 中（18 和 34）；瓶颈残差模块由 2 个 1×1 卷积层和 1 个 3×3 卷积层构成，第 1 个 1×1 卷积层用于降维，第 2 个 1×1 卷积层用于维度恢复，这样使得 3×3 卷积层在较低的维度进行计算，降低了计算消耗，用于深层的 ResNet 中（50、101 和 152）。网络尾端通过全局平均池化替代全连接层来降低参数量。

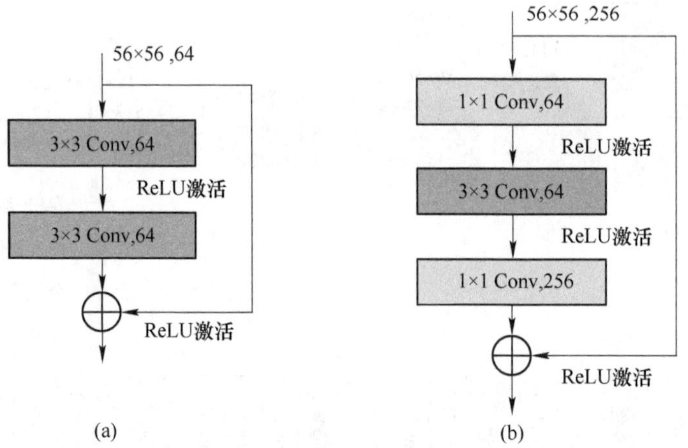

图 1-7　ResNet 中的残差模块（第二个卷积块中）
（a）浅层 ResNet（18 和 34）的常规残差模块；（b）深层 ResNet（50、101 和 152）的瓶颈残差模块

1.2.2.3 Inception 网络

宽度和深度是深度神经网络的两个基本维度，Inception 系列网络是从增加网络宽度的角度来提高网络性能。与 VGG 和 ResNet 类似，Inception 网络的整体也是模块化结构，由多个 Inception 模块堆叠而成。网络宽度足够可以保证网络每一层学习到丰富的特征（如不同频率的纹理信息、颜色信息等），但单纯增加网络宽度即每层的通道数会增加网络的参数量，增加了网络计算消耗同时容易使网络在训练中过拟合，所以 Inception 模块在拓宽网络提高特征表达能力时需考虑减少网络参数量。Inception 模块将稀疏性引入网络结构中，同时有效利用密集矩阵运算组件的算力，来减少网络的运算时间。Inception 模块实现结构如图 1-8 所示，输入特征分别通过 1×1、3×3 和 5×5 卷积和 3×3 的最大池化得到 4 个分支的中间特征，输出特征就是这些中间特征的级联结果。3×3 和 5×5 卷积为网络引入了稀疏性，采用多尺度卷积核对特征层进行卷积能够得到感受野大小不同的中间特征，将这些中间特征在通道上密集堆叠起来能够提高网络对尺度的适应性。随着网络变深，大尺度卷积核的计算量会显著提高，所以在各个分支中插入 1×1 卷积来降维，让大尺度卷积核的卷积运算在较低维度上进行。后来衍生出的 Inception v2/v3 模块在分支中引入了批量归一化操作来加速网络训练，将 5×5 卷积用 2 个堆叠的 3×3 替换，在保证相同感受野的同时降低计算量。而 Inception v4 受 ResNet 的影响，在模块中引入残差连接来提高网络精度。

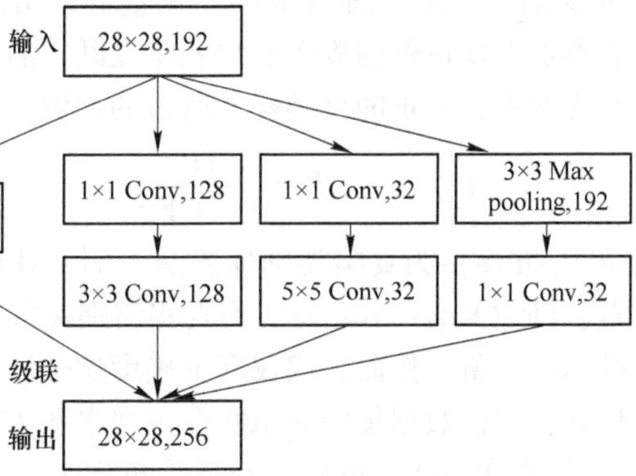

图 1-8 Inception 模块

目前深度神经网络的性能均在 ImageNet 这个超过 1400 万用于图像识别的大型图像数据集上进行训练评估，追求在有效的推理时间内得到更高的分类准确率。从计算需要和准确率出发，上述相关网络架构性能比较如图 1-9 所示。

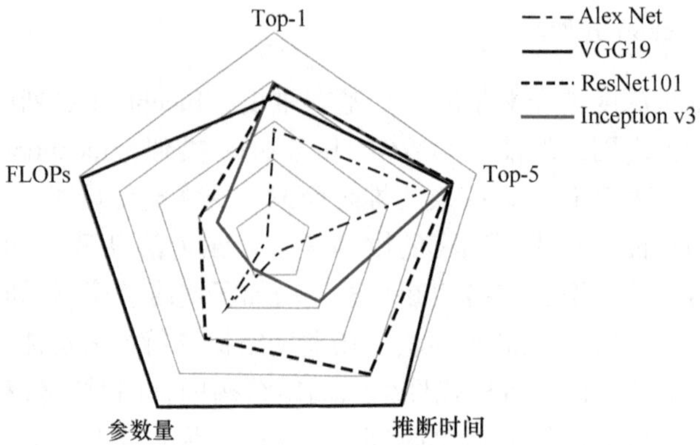

图 1-9　深度模型性能比较

（FLOPs 和参数量评估的是模型的时空复杂度；Top-1 和 Top-5 评估的是模型的准确率；推断时间评估的是模型的预测实时性）

1.2.3　评估标准

将深度神经网络应用于模式识别任务（如目标检测、音频识别等）中，需要对算法的预测结果进行定量评估来验证其性能。基于深度神经网络的模式识别方法通常期望具有高精度、召回率和较快的预测速度。常用的评估标准包括准确度（Precision）、召回率（Recall）、平均精度（AP）和均值平均精度（mAP）。由式（1-14）定义的准确度（即查准率）衡量的是由采用算法的分类器区分出来的正例的真实类别也是正例的概率。也就是在既定的样本数据集中，所有被识别出来的某一类样本中，真正的该类样本所占的比例。

$$P = \frac{\mathrm{TP}}{\mathrm{TP} + \mathrm{FP}} \tag{1-14}$$

式中，TP（True Positive）为真实类别标签是正例，且算法预测后的结果也为正例的样本的数量；FP（False Positive）为真实类别标签是负例，但经算法预测后结果为正例的样本的数量。然而，仅仅有准确度这个评估标准还不足以全面衡量算法的性能。例如，假设数据集中有 100 个正样本和 100 个负样本，算法在预测过程中将 99 个正样本和 100 个负样本判定为负样本，剩余的 1 个正样本判定为正样本。算法只将 1 个样本分离为正类，并且该样本判定正确，所以这种情况下的算法准确度为 100%，但这个结果很显然无法准确衡量算法性能。因此，引入另一个评估准则召回率来辅助评估算法性能。

由式（1-15）定义的召回率（即查全率）是衡量算法能将正样本找出来的能力。也就是在既定的样本数据集中，被正确判别出来的某一类样本数量与所有该类样本的数量的比值。

$$R = \frac{\mathrm{TP}}{\mathrm{TP} + \mathrm{FN}} \tag{1-15}$$

式中，FN(False Negative) 为真实类别标签是正例，但算法预测后的结果为负例的样本的数量。

性能好的算法会有如下的表现：在算法通过不断训练使其召回率增长的同时，准确度保持在一个很高的水平。而性能比较差的算法可能会牺牲较大的准确度才能换来召回率的提高。所以 Precision-Recall(P-R) 曲线用来显示算法对准确度和召回率的权衡，曲线所包含的区域面积就是 AP 值，定义如下：

$$\mathrm{AP} = \int_0^1 P(R)\,\mathrm{d}R \tag{1-16}$$

式中，$P(R)$ 表征 P-R 曲线。式（1-17）定义的 mAP 用来评估算法对数据集中所有类样本的综合性能，是数据集中各类样本 AP 值的平均。

$$\mathrm{mAP} = \frac{1}{N}\sum_{i=1}^{N} \mathrm{AP}_i \tag{1-17}$$

式中，N 为数据集中样本的类别总数。

1.3 装备仿真人机交互接口

为了实现人与装备仿真虚拟现实系统之间的交互，依靠传统的键盘与鼠标是达不到要求的，需要使用专门设计的人机接口设备把用户操作信息输入到计算机，同时把模拟过程中的反馈信息提供给用户。基于不同的功能和目的，有很多种的人机接口设备用来解决人与虚拟现实系统的多感官通道的交互。例如，身体的运动状态可以由位置跟踪器或数据衣测量获得；手势可以通过数据手套进行识别；视觉反馈可以发送到立体显示设备中；虚拟声音可以通过三维声音设备得到，等等。

装备仿真中常用的人机接口设备分为输入设备和输出设备。输入设备有位置跟踪设备、数据手套、数据衣、三维鼠标、三维扫描仪等；输出设备有立体显示设备、三维声音设备、触觉和力反馈设备等。

（1）三维定位跟踪。为实现人与虚拟仿真系统的交互，在虚拟现实系统中必须确定用户的头部、手、身体等的位置与方向，准确地跟踪测量用户的动作，将这些动作实时检测出来，以便将这些数据反馈给显示和控制系统。这样随着人体的运动和操作，虚拟现实系统中的场景、声音等也将实时进行变化，产生出逼真的效果。

三维定位跟踪设备在虚拟现实系统中最常见的应用是跟踪用户的头部位置与方位来确定用户的视点与视线方向，而视点位置与视线方向是确定虚拟世界场景显示的关键。

要检测用户的头在三维空间中的位置和方位，一般要跟踪 6 个不同的运动方向，即沿 X、Y、Z 坐标轴的平动和沿 X、Y、Z 轴方向的转动。由于这几个运动都是相互正交的，因此共有 6 个独立变量，即三维对象的宽度、高度、深度、俯仰角、滚动角和偏航角，称为六自由度（DOF），用于表示物体在三维空间中的位置与方位，如图 1-10 所示。

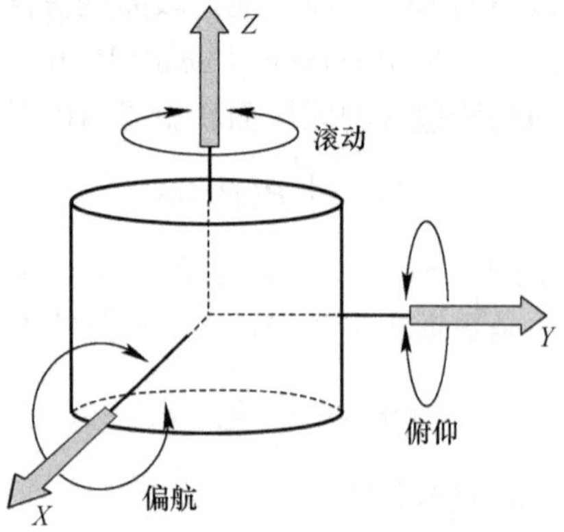

图 1-10　六自由度示意图

到目前为止，常用的三维定位跟踪设备从原理上可分为电磁式、声学式、光学式、机械式和惯性式几种。这几种三维定位跟踪设备各有优缺点，为克服各自的缺点，便于更广泛地应用和提高定位跟踪的精确性和实时性，也可用两种或两种以上的不同三维定位跟踪设备进行综合，形成复合多轴姿态检测装置。

（2）头盔显示器。为增加临境感觉的程度，可采用立体眼镜和头盔显示器（HMD，Head Mounted Display）。头盔显示器通常固定在用户的头部，并用机械的方法固定，头与头盔之间不能有相对运动。HMD 用两个 LCD 显示器分别向两只眼睛显示两幅图像。这两个显示屏中的图像是由计算机分别驱动的，屏上的两幅图像存在着细小的差别，类似于我们的“双眼视差”。显示器的图像经过凸状透镜使图像因折射产生类似远方效果，利用此效果将近处物体放大至远处观赏而达到所谓的全像视觉。通过大脑将两个图像融合获得深度感知，得到一个立体的图像。封闭式头盔显示器可以将生成的虚拟环境与用户所处的真实环境完全隔离（如图 1-11 所示），而通透式头盔显示器则可以将生成的虚拟环境直接叠加到用户所处的真实环境中，因而 HMD 已成为沉浸式虚拟现实系统与增强式虚拟现实系统不可缺少的视觉输出设备。

头盔显示器上还装有头部位置跟踪设备。通过头部跟踪，虚拟现实用户的运动觉和视觉系统能够得以重新匹配，计算机随时可以知道用户头部的位置和运动方向。因此计算机就可以随着用户头部的运动，相应地改变呈现在用户视野中的

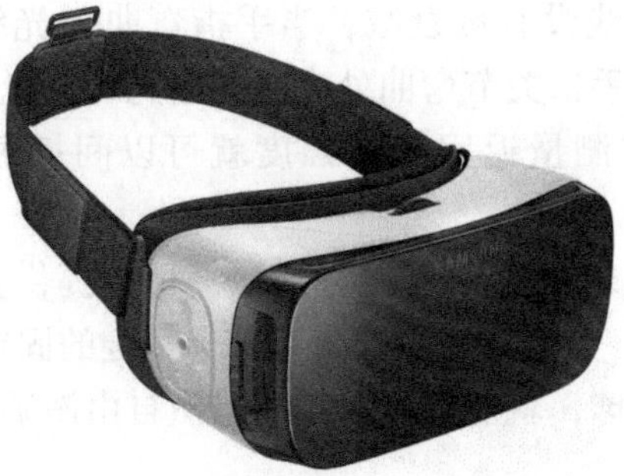

图 1-11 三星 Gear VR 3D 显示器

图景，从而提高了用户对虚拟系统知觉的可信度。头部追踪还能增加双眼视差和运动视差，这些视觉线索能改变用户的深度知觉。

（3）数据手套。手是我们与外界进行物理接触及意识表达的最主要媒介，在人机交互设备中也是如此，基于手的自然交互形式最为常见，相应的数字化设备很多，在这类产品中最为常见的就是数据手套，见图 1-12。

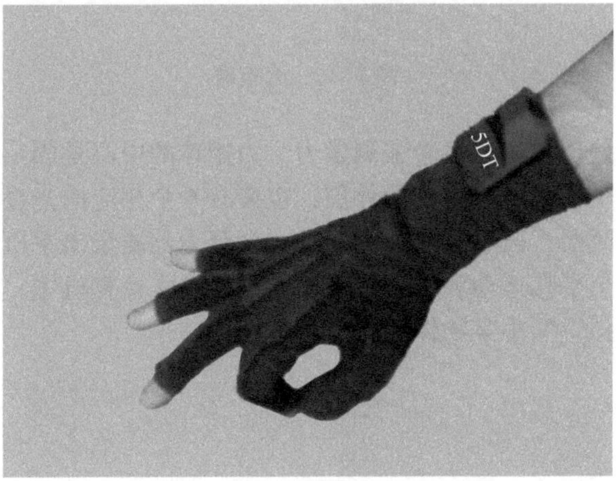

图 1-12 数据手套

数据手套使用光纤作为传感器，用于测量手指关节的弯曲和外展角度，光纤安装在轻便且有弹性的莱卡手套上。采用光纤作为传感器是因为光纤较轻便、结构紧凑，可方便地安装在手套上，并且用户戴上手套感到很舒适。

数据手套的手指的每个被测关节上都有一个光纤环。光纤经过塑料附件安装，使之随着手指的弯曲而弯曲。光纤环的一端与光电子接口的一个红外发射二极管相接，作为光源端；另一端与一个红外接收二极管相接，检测经过光纤环返回的光强度。当手指伸直（光纤是直的）时，因为圆柱壁的折射率小于中心材料的折射率，传输的光线没有被衰减；当手指弯曲（光纤呈弯曲状态）时，光纤壁改变其折射率，在手指关节弯曲处光会逸出光纤，光的逸出量与手指关节的弯曲程度成比例，这样测量返回光的强度就可以间接测量出手指关节的弯曲角度。

（4）力矩球。力矩球也称为空间球，是一种可提供为六自由度的外部输入设备。如图 1-13 所示，力矩球安装在带有几个按键的固定底座上，转动、挤压、拉伸或来回摇摆这个小球，就能控制虚拟场景做自由漫游，或控制场景中某个物体的空间位置及其方向。

图 1-13　力矩球

力矩球通常使用发光二极管来测量力。力矩球的中心是固定的，并装有 6 个发光二极管，这个球有一个活动的外层，也装有 6 个相应的光接收器。它采用发光二极管和光接收器，通过装在球中心的几个张力器测量出手所施加的力，并将测量值转化为 3 个平移运动和 3 个旋转运动的值送入计算机中，计算机根据这些值即可计算出虚拟空间中某物体的位置和方向等。

2　旗语识别技术

在军事、交通、船舶等领域，通常需要指挥者的指挥动作来指示、引导或调度相关人员的动作或行为。此外在工程作业中，通常也是在指挥员的指挥调度下，多种机台驾驶操作人员密切配合，严格按照调度完成作业任务。随着仿真训练技术的发展，协同仿真训练的要求越来越高。在计算机虚拟仿真训练领域，人体动作的实时捕捉与智能识别是人机自然交互的研究热点，其应用包括行为检测、肢体移动信号跟踪、手势分类等，而旗语动作识别是其中一项研究热点。

旗语是在语音及电子通信无法使用的特定情况下，为进行有效交流所采用的一种手语交流方式。对于与旗语指挥相关的军事模拟训练科目，需要通过计算机对旗语进行识别，从而使系统获得旗语动作的指令含义，完成受训人员与模拟训练系统的交互。旗语识别技术是通过计算机理解手势动作，进而识别出旗语信号的语义。如何实现快速、准确地识别是这一应用中的关键问题。

2.1　旗语信号与捕捉

旗语信号是一类典型的应用型指挥语言，其利用红绿旗帜和各类肢体动作来传达信息，执行人员通过接收旗语信号，根据其含义执行相应指令。旗语信号通常用于舰船、装备协同以及动作指挥中。

目前旗语动作捕捉系统历经了两个阶段，其中一代旗语动作捕捉方式主要通过光纤设备对动作进行采集，以光纤为传输介质。其主要原理是：当光纤受力弯曲时光的功率会产生损耗。因此，当人佩戴光纤设备后，可以很好地检测关节角度的变化，从而实现人体的姿态捕捉以及动作识别，其采集实验方式如图 2-1 所示。

然而光纤设备结构复杂，佩戴不便，且在实际采集过程中，当光照强度不够或出现局部阴影情况时，会出现动作信息采集不全情况从而导致最终识别出现偏差。针对这一问题，第二阶段基于深度图像的动作采集技术对其进行了一定程度的弥补，通过佩戴在人体头部的动作图像采集设备以及前置摄像头进行旗语动作捕捉，其优点较一代的光纤设备的佩戴简便性大幅提升，其采集平台如图 2-2 所示。

图 2-1 基于光纤设备的动作采集平台

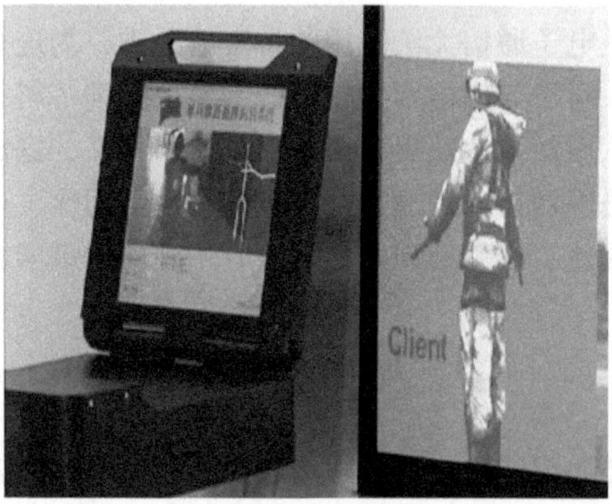

图 2-2 基于光学图像的动作采集平台

经过总结，传统的旗语训练存在以下诸多局限性：

（1）传统旗语动作训练主要为线下任务，因此需要固定场所，从而在实施过程中存在诸多不便；

（2）传统旗语训练对于旗语动作的标准规范性要求较高，因此需要较高人力成本；

（3）传统旗语训练基于肢体表达差异和个人理解，在动作类别判断中会出现较大偏差。

随着人工智能与模式识别方法的引入，旗语训练任务逐渐转变为线上任务，其工作为通过信号接收装置采集远程的旗语动作信息，同时建立信号处理系统对动作数据进行实时分析与识别。其中，核心工程是对旗语信号数据采集输入以及动作识别系统的建立。

2.2 动作采集与识别

动作识别技术指通过一定技术手段，将采集到的动作信号经过处理转变为机器可以识别的信息并进行识别分类。在模式识别及人工智能领域中，通常可将动作识别技术分为4个步骤：动作信号采集、信号预处理、特征提取和分类识别。其具体流程如图2-3所示。

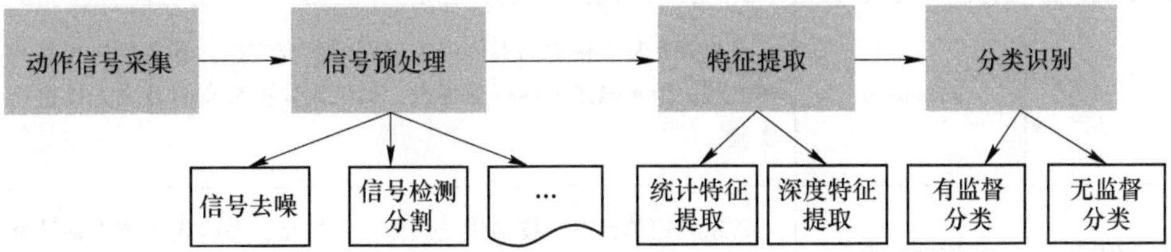

图2-3 动作识别技术流程

2.2.1 动作采集

动作捕捉利用信号采集装置来获取人体活动时的动作数据。根据相关定义，现有的动作捕捉技术方法大致可以分为两类：（1）非接触式动作识别技术，主要为动作图像识别技术，采集装置为单目视觉传感器或双目立体视觉传感器，其通过采集人体在运动过程中的动态或静态图像来获取动作信息，从图片场景中检测人体姿态，并转译语义；（2）接触式动作捕捉技术，如利用可穿戴传感器，将人体运动时加速度、角速度等信息的变化情况直接进行收集，从而获得动作信息。

2.2.1.1 基于图像的人体动作采集

在基于视觉的人体动作识别技术中，基于可见光的方法有增加限制法、肤色检测法等。但由于这些方法受环境因素的影响，并且缺乏深度信息，难以对某些运动特征进行有效提取。近年来，深度传感器技术日渐成熟，通过深度传感器获取图像中的深度信息已成为现实。深度图像指从观测角度看去，图像中所包含的物体和场景可以体现其表面的距离关系，能够描述整个三维场景。利用深度图像可以较容易获得被测目标的几何和物理特性，并且不受环境、光线以及物体表面材料的反射特性的影响，从而简化了对目标物体的定位和识别等问题。

深度图像中的灰度值实质是物体表面到采集窗口的距离，而在光照条件不稳定的情况下，正是因此深度图像才不受颜色、光照等影响，从而大大提高旗语识别效果的鲁棒性。同时，深度图像的灰度值与普通图像中 X、Y 坐标能够构成三维坐标系，能够进行场景的三维建模，也就等同于在3D空间进行模式识别，从而可以解决一些重叠遮挡等问题。

近年来，基于视觉的人体姿态行为学得到了迅猛发展。尽管对于这方面行为学方面的研究比较多（见表2-1），但也有相关的一些基于计算机视觉的方法被提出。

表2-1 基于视觉的人体动作研究

时间	研究人员	研 究 方 法
1975年	Johansson	首次开始基于视觉的人体姿态识别的研究方法，其主要思想是利用人体关节来描述人体行为姿态，利用人体关节点附着发光体进行实验
1980年	Rourke等	首次利用单目视觉技术建立人体三维模型，并将人体姿态估计算法引入人体仿真技术中
1988年	Nagel	定义了4层人体行为关系，这4层行为是：Change，Event，Verb，History
1992年	Yamato等	首次提出了状态空间算法，主要是利用隐马尔科夫模型进行人体姿态识别分析
1996年	Gavrila	首次将动态时间归整方法引入人体姿态识别，开创了动态时间归整算法研究
2001年	Anjum等	利用背景差法用于检测视频中的人体运动区域，根据人体运动轨迹中的动作部位夹角得到人体运动特征，从而实现识别人体姿态的目的
2004年	Gritai	首次将人体测量学引入到基于视觉的人体姿态识别研究中，利用图像视角不变性特点，提取人体姿态特征来描述人体行为
2005年	Yaser等	将传统单目视觉中的人体姿态二维研究延伸到三维，并对人体运动中的关键部位进行三维特征提取
2007年	Chen等	提出了一种基于单姿态的人体识别系统，该方法将人体复杂度降低至10~100倍
2011年	Lu Xia等	首先对深度图像进行边缘提取，然后利用距离变换和模板匹配方法，根据人体主要部位特征定位整个人体，从而达到人体部位跟踪的目的

2.2.1.2 基于可穿戴设备的人体动作采集

目前基于可穿戴设备的人体动作采集方式由于其便捷性所以应用较为广泛，其技术要点为利用佩戴在人体的传感设备采集加速度、角度、温度、光纤等各类信号，在获取传感器数据后，通过有线或无线通信方式将数据传输至处理节点进行识别分类工作。常用的可穿戴设备采集技术包括基于9轴惯导传感器的人体肢体动作和姿态捕捉、利用对象捕捉式传感器采集人运动时所用物品的信息来进行动作分类判别、通过音频采集设备来识别人的音频语言信息等。基于可穿戴传感器的动作捕捉技术主要对4类信号进行测量和采集，分别为：环境信号、多轴惯导数据、位置信息及生理数据。

(1) 环境信号。传感器的环境信号数据主要包括温度、湿度及测量环境音量数据，通常此类信号用于提供个人所处环境信息，此类传感器适用于特定环境下动作识别任务，而针对人体日常生活中常规动作的识别任务略显不足，从而需要配合惯导传感器进行复合数据采集。

(2) 多轴惯导数据。多轴惯导数据在动作识别领域中应用最为广泛，惯导数据测量元件由动态信息测量元件组成，如本书实验中所用WT901C9轴姿态传感器即属于此类。其用于测量肢体在空间中平移和旋转的运动信息，即动作信号中的加速度及角速度。惯性测量元件具有低成本、低能耗及高集成性等优点因而在研究应用中备受青睐。近来研究人员利用佩戴在人体手臂的MMA73613轴加速度传感器分别获取人体运动中坐、卧、行走、跑步以及站立5类基本动作数据，并在实验中取得了极好的效果。

(3) 位置信息。位置信息数据采集设备主要为GPS，通过采集用户的位置信息从而推断用户的行为。利用GPS定位系统进行的人体动作识别存在极大的误差，与环境信号类似，只能通过用户所处的环境状况等间接信息来判断用户此时的动作。并且，基于GPS等定位装置的数据采集方式对用户的隐私性存在极大影响，其能耗方面存在的诸多问题也使其无法成为动作采集的主要方式。

(4) 生理数据。生理数据信息主要包括人体在运动时的心率、呼吸频率、体表温度等信息，此类数据在医疗、保健领域中运用较为广泛。例如Lara等采集人体在跑步运动、走路、上下楼及站立5类基本动作时的心率及呼吸频率信号并实现动作分类。然而与环境信息数据相类似，在实际应用中，许多常见动作如人的肢体动作几乎很难利用生理数据特征来进行判别。因此，基于生理数据的人体动作识别方法应用有限。

国内外对于可穿戴设备的动作采集识别技术均有大量研究，如REZAIE H等利用4个加速度传感器组成人体行为识别网络用于健康监测；Minh Nhut等利用佩戴在人体的传感器采集人体活动的视频信息，提出了一种基于 CNN 的多通道时间序列动作识别方法，实现了监督学习环境下特征提取信息的高识别能力；Kinam Kim 利用佩戴在人体全身的 17 个传感器采集建筑工人的全身动作以实时检测其身体工作状况和预测危险系数；M. Shoaib 等提出了利用智能手表和智能手机自带的运动传感器收集抽烟动作的数据信号，检测人们生活中的坏习惯。

2.2.2 信号预处理

信号预处理是指通过一定技术手段将采集的原始信号在不失真的前提条件下将其转变为易于进行分类识别的样本。信号预处理技术通常包括信号去噪、检测分割等技术，通常这两项技术的优劣直接关系到动作分类识别的准确性。

在动作数据采集过程中，由于肢体抖动等影响会产生一定程度的高频噪声，因此需要进行噪声去除工作。去噪的本质是一种滤波，通过建立相应的算法来滤除原始信号中不同频率的噪声以提升信噪比。信号去噪按照信号类型可分为经典信号去噪和统计信号去噪，其中经典信号去噪方法主要为快速傅里叶变换（FFT, Fast Fourier Transform）、短时傅里叶变换（STFT, Short-Time Fourier Transform）以及小波去噪等；而统计信号去噪方法包括维纳滤波及自适应滤波方法等。如 Yang 等利用高斯滤波算法对采集到的三轴加速度手写动作信号进行去噪，从而提升了最终的识别准确率；Najaf 等利用小波分析技术来消除陀螺仪信号的漂移和高频噪声；Bayer 等提出了一种基于小波系数的自适应滤波算法 SpcShrink，该类算法在信号过滤过程中考虑了由控制图应用启发的迭代计算所确定的阈值方法，通过这一阈值区分出能显著代表感兴趣信号的小波系数。

在实际应用中，采集的原始信号通常包含多个待测样本动作且各类信号之间没有明显的分隔区，因此在预处理阶段，需对待测样本做分割处理。常用的信号分割技术主要包括根据滑动窗口、事件定义以及动作定义分割这 3 种方法，其分割方式如图 2-4 所示。

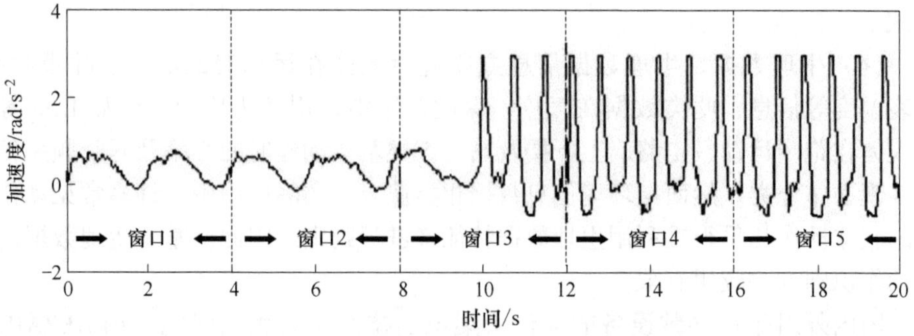

(a)

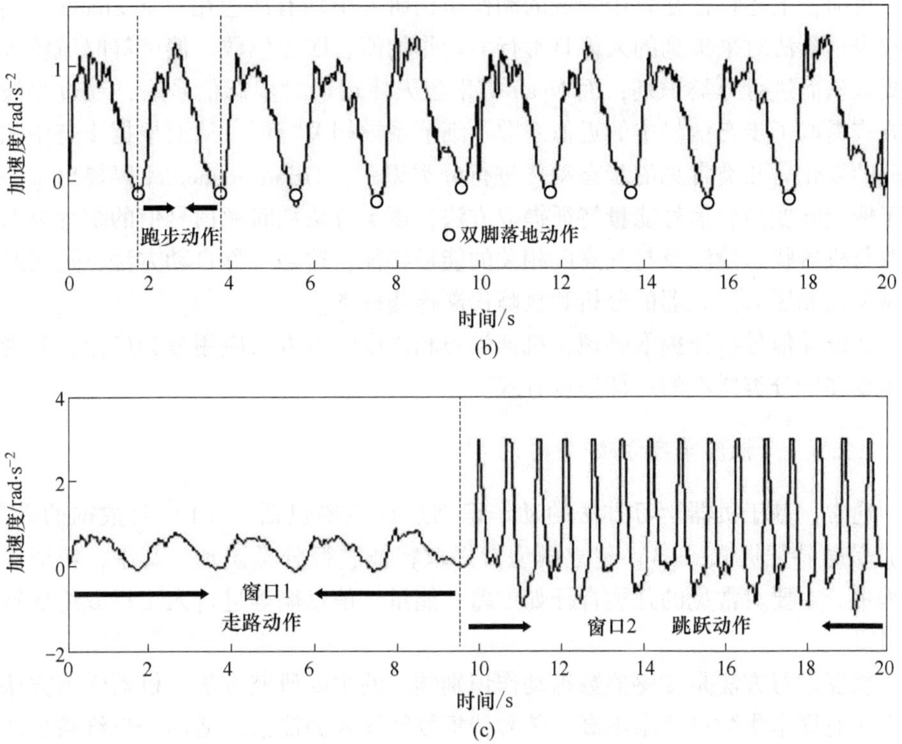

图 2-4 三种窗口分割方式示意图

(a) 固定长度滑动窗口分割方式；(b) 基于时间定义的窗口分割方式；(c) 基于动作定义的窗口分割方式

滑动窗口分割利用固定长度的窗口对长时间序列进行分割，其窗口大小根据分类对象进行设定，相邻窗口所包含的信号可以重叠或不相交。其中，数据重叠是为了更准确且无遗漏地处理动作之间的变化，基于滑动窗口的信号分割技术较为简单，因此在信号预处理中应用最广；基于事件定义的分割方法通过算法确定单个样本的起终点从而进行划分，其特点为分割效果好但难度大；而基于动作定义的窗口分割根据动作类别间的差异性进行分割，与基于事件定义的窗口分割方法类似，都直接对信号进行分割。基于动作定义的窗口分割方法的特点为操作简单但由于确定单个动作样本起终点时存在误差，因此分割效果并不好，从而可应用性不高，同时在分隔过程中通常出现各样本长度不统一情况，因而难以运用。

2.2.3 特征提取

在深度学习任务中，特征提取是指通过样本特征量化从而获得深度学习网络可以分类的识别对象，通常以特征向量的形式来表征每一类动作。在基于多轴惯导数据的动作识别领域，常用特征主要为时、频域及小波特征等。

目前，上述特征在各个领域的动作识别研究中均有所应用，如 Zhang 等利用系数表示算法对采集到的人体日常行为动作均值、四分位数、偏度等时域特征进行提取从而进行分类识别；而 Nyan 等采集人体运动时步态信号后，通过小波分解方式提取了步态信号中的近似系数及细节系数相关特征，从而根据步态中相应特征的变化对几类常见的步态动作进行分类识别；Tizian Schneider 等提出了一种基于傅里叶变换后信号能量特征提取方法，该类方法从时频信号值的统计分布中提取与机器状态检测及与其高度相关的能量特征，这是一种自动方法，适用基于机械振动和压力传感器的分析和故障诊断检测任务。

在统计信号特征提取领域，机器学习和深度学习方法应用最为广泛，两者差别主要在于分类样本的特征提取方式。

2.2.3.1 机器学习方法

通常，基于机器学习方法的动作识别过程主要包括：（1）对数据的采集；（2）信号特征提取；（3）建立模型对提取特征进行分类识别。其中，特征提取过程中，主要对常见的几类特征如方差、能量、信息熵等进行人工提取组成特征向量。

机器学习方法是传感器数据动作识别领域的主要研究方法，机器学习方法优势在于对样本集数量要求不高；信号待提取特征较为简洁，适用于低维数据的分类识别任务；且由于其数据量有限所以网络训练时间较短。

国内外对于机器学习方法研究较为广泛且成熟，如 He Z 等利用离散余弦变换（DCT）对动作数据集进行滤波处理及时频变换、利用主成分分析方法（PCA）以及支持向量机（SVM）算法对动作信号进行特征提取，通过训练模型建立高精度人体活动识别系统；Maolin Liu 等提出了一种基于压力信号和速度信号相关联的随机森林分类算法，进一步提升了多层建筑运动模式识别准确率；Nsikak Pius Owoh 等采用了 K-means 聚类算法对未标记的传感器信息进行标注，以检测移动人群感知用户的敏感位置信息；Moral-García 等利用 C4.5 决策树算法对人体几类常见活动进行 AdaBoost 分类识别，从而大幅度提升了识别准确率。在国内，由于人工智能的发展及行业应用需求，人体动作识别技术研究同样备受关注，北京邮电大学张宇等提出一种基于可变子窗口的三轴加速度数据特征提取方法，同时在 KNN、决策树、朴素贝叶斯以及 SVM 框架下对识别效果进行对比分析，最终通过实验证明了此类方法在动作识别中的成效；延安大学胡炜等为增强人体行为识别率，提出了一种基于 FFT-HMM 模型的相关性分析方法，利用 HMM 模型对傅里叶变换后具有前后逻辑关系的线性移不变信号进行分类，结果表明此类方法可以大幅度提高单个行为的识别率；江南大学卢先领等将递阶遗传算法（HGA）与径向基函数（RBF）神经网络进行结合从而提高了动作识别率。

2.2.3.2 深度学习方法

近年来随着深度学习方法在图像识别及文字语音识别中崭露头角，研究人员对动作时间序列的研究方式开始逐渐转向深度学习领域。Gjoreski 等通过佩戴在人体肩部的加速度传感器采集了人体上半身动作加速度数据，通过卷积神经网络方法（CNN）及随机森林两类方法对比研究发现：传统的机器学习方法在处理数量有限的数据时，展现出较高的识别率；当数据量扩展至标准数据集或在线采集数据输入时，深度学习方法在识别率及识别时间方面都体现出极大的优势，从而证明了深度学习方法在动作识别领域中的可行性。基于深度学习方法的人体活动识别主要步骤包括：(1) 采集数据；(2) 建立前馈神经网络等深度网络对数据进行自动特征提取；(3) 根据提取特征，建立概率模型，对单个样本在每个类别中的概率进行判断，最终确定其所属类别。深度学习在机器学习的基础上侧重于在训练的过程中根据网络的自学习性提取特征，提取的特征大多具有自学习性和泛化性，从而大幅度减少了人工特征提取的损耗时间。

深度学习方法包括 CNN（卷积神经网络）、RNN（循环神经网络）、限制玻耳兹曼机（RBM）、全连接网络（DFN）等。目前，各类深度学习方法在动作识别领域中均有所运用。Kinam Kim 等提出了一种基于传感器放置位置变化及不同数据类型对比的信号分类识别模型，采用 LSTM（长短时记忆）网络进行特征提取与分类识别，得到了建筑工人运动过程中识别率随运动传感器数量和位置变化的有效性评估；Zhao 等提出了一种基于多时间尺度的双流网络提取动作识别特征的分割和关键帧提取方法并对标准数据集 UCF-101 中时间序列数据进行识别分类，最终获得了 94.2%的高识别精度；J. S. Smith 等提出将 CNN 强大特征表示功能与 VLAD 编码方案相结合，对区域提议算法生成的图像补丁中 CNN 特征进行编码并在捕获信号细粒度属性的基础上，对信号前后关联性信息做出检测分类，从而提高了动作信号的识别准确率和信息完整性；Almaslukh 等利用栈自编码器（SAE）对样本进行标签处理，通过监督学习方式，对编码后的动作信号进行 CNN 特征提取和分类识别，分别从识别精度和识别时间上获得提升；Zhiwu Huang 等将深度网络模型与李群结构融合并通过设计映射层，将输入的李群特征转换为期望特征从而获得时域内尺度统一的完整信号；M. Asadi-Aghbolaghi 等为研究动作及手势信号分类效果，提出了基于三维 CNN 及 RNN 联合模型的动作手势分类模型，最终获得了较好的识别效果。在国内，针对长时间序列中人体动作识别复杂问题，于华等提出将空间仿射变换网络（STN）与 CNN 框架进行融合，并对识别阶段分类函数进行加权求和，通过在标准数据集上进行试验，结果表明，该算法在原有基础上大幅度地提升了识别精度；为研究手机传感器采集的异构时间序列数据，宿通通等通过比较 4 类循环神经网络模型（RNN、GRU、

LSTM、BLSTM）并分别构建自动特征提取方法，最终发现，基于 BLSTM 模型动作识别效果最佳。

通过比较两类方法的应用实例，可以发现，深度学习动作识别模型在自学习性和泛化性上优于机器学习模型；但深度学习缺陷在于模型难于建立，且需要大量标准数据集作为训练支撑。

2.2.4 分类识别

2.2.4.1 特征降维

在利用 CNN 等框架进行特征提取时，通常会因特征向量维数过高，从而导致训练时会产生的计算量过大、可视性差以及信息重叠等现象。因此需对深度学习网络提取后的特征向量进行降维。常用的特征降维方法有主成分分析、线性判别分析和独立成分分析等。

主成分分析利用一个新的低维度特征集合来取代高维数据，且同时要尽量保证能够反映原来数据的信息，通过设立方差贡献率阈值完成对主要特征值成分的筛选工作，从而完成对高维数据进行低维映射的任务。

线性判别分析会建立一个最佳矢量鉴别空间，通过样本方差这一统计量大小来衡量类别差异，通过建立线性函数完成对数据特征的筛选及降维，因此其属于一种无监督学习方法。

独立成分分析法依赖于信号高阶统计特性，通过寻找某种线性变换并分解成独立成分，将信号数据中的非独立特征转化为独立特征，并通过高斯分布对数据间的独立非关联特征进行提取筛选。

2.2.4.2 分类器

分类器按照特征向量的不同分为机器学习分类器及深度学习分类器。

机器学习中，常用的分类技术分为两类：独立样本分类方法和关联信息（序列）的识别方法。独立样本分类方法通常用于每个单独的已标签过的特征向量，而与先前的动作分类情况无关，独立样本分类算法主要有决策树（DT）、*k* 近邻算法（KNN）、朴素贝叶斯（NB）、动态时间规整（DTW）、支持向量机（SVM）和人工神经网络（ANN）等；而关联信息分类方法主要包括隐马尔可夫模型（HMM）。

（1）决策树是一种监督学习算法，在已知各类样本标签的情况下，通过建立单层或多层的树形结构来进行多级决策。在动作识别研究中，从树形初始结构（根节点）处进行样本分类，每上升至一个新的节点，就伴随着新的输出特征变化，通过对数据进行训练得到每一层的类别决策。决策树的优点在于方法简便且计算量小，适用于大批量简单属性样本的分类情况，其缺点在于对连续型数据处理能力差，只适用于类别较少的分类任务。Kwak N J 等为分析人类动作并根据所识别的有关动作触发报警服务，利用决策树算法对智能手机采集的动作数据进行分类识别，该方法将动作识别参数定义为所提取的动作识别对象的直方图及其关节信息，并通过对定义参数的变化进行分析，将定义的条件与树节点的条件表达式相结合，实现了动作的有效识别和分类。

（2）k 近邻算法属于监督学习算法，通过距离度量方式寻找与已知样本最近即相似度较高的积累样本，根据这些样本中的相同特征信息来预测未知样本的所属类别。KNN 在分类过程中，虽然无需训练，但需存储所有样本向量，并计算待测向量与所有样本之间的距离。因此 KNN 算法仅能够适用于小型数据训练任务。针对人体动作识别中背景复杂、视觉点变化大的问题，Song W 等受到机器人技术启发，利用 KNN 算法对采集到的人体动作关节角序列进行分类并运用 DTW 进行维度统一，解决了待分类样本维度不统一难于识别这一问题。

（3）朴素贝叶斯属于监督学习算法，其主要支撑理论为“属性条件独立性假设”思想，是一种建立在相互独立特征的样本基础上进行的分类任务。在动作识别研究方法中，通过建立特征模型计算各类样本的所属特征的概率密度函数，并通过贝叶斯公式计算待测样本属于不同类别的后验概率。Luna 等考虑到纳入生命体征数据有助于提高活动识别的准确性，提出了一种基于加速度和生命体征数据的动作识别方法。该方法利用朴素贝叶斯网络，对动作信号的结构和统计特征进行提取，将每类动作样本分割为 12 个时间窗，通过 ALR 分类器进行分类识别。朴素贝叶斯分类算法计算时间短，非常适用于在线动作识别任务。

（4）动态时间规整用于判断两个序列之间相似度。在某种限制条件下，对时间序列进行特征值与时间或时间点的函数模型建立，通过计算不同函数模型间的相关性来判断不同样本之间的差异，从而完成对时间序列的分类任务。其特点为：操作简便，且通过数理方式能够较为直观地反映不同时间序列间的相似性。Yang T 等为了解决传统聚类算法在时间序列分类任务中效果较差这一问题，提出了一种基于 DTW 动作样本间距离测量的分类算法，通过 DTW 替代传统的欧氏距离来计算距离矩阵，提高了相似度度量准确性。在更新距离矩阵的过程中，根据距离值对计算得到的距离矩阵进行排序，并储存在结构数组中；同时，为提高算法的性能和降低算法的时间复杂度，将层次聚类直接与数组顺序相结合。根据其实验结果表明，基于 DTW 距离测量的层次聚类算法，在降低了算法处理大尺度时间序列数据的计算复杂度的同时，也获得了更好的聚类效果。

（5）支持向量机通过求解划分样本的最大超平面完成对数据的线性分类，属于监督学习方式，适用于处理小样本和高维数据识别等问题。Kaibing Z 等为研究动作识别在人体日常运动中的效果，提出了一种基于 HOG（梯度直方图）和 SVM 的运动动作识别方法。该方法采用 KTH 动作数据库作为实验样本，首先对样本进行分解，利用 HOG 特征来代表不同类型的人类运动动作，通过 SVM 方法寻找出划分各动作类别的超平面。实验结果表明，此类方法能够较好地完成运动动作识别任务，其不足之处在于 SVM 算法需要大量的时间进行样本训练。

（6）人工神经网络模拟大脑处理信息过程，利用信息的反复学习训练，逐步调整改变神经元连接权重方式以及权重参数，从而完成网络模型搭建任务。而模型的训练学习通常以反馈方式进行（可分为前向反馈和后端反馈）。ANN 模型特点在于对模糊数据的处理、随机性数据以及非线性数据处理具有极大的优势。Maierdan M 等利用 Microsoft Kinect 来捕捉人体动作关节数据，并计算四肢角度，从而获得了人体肢体运动的角度数据；同时构建了一种基于 ANN 的人类行为估计系统，该系统分为人类行为识别和对象识别两部分，通过设计这两阶段的神经网络，对原始的肢体动作信号进行降噪处理，完成了对人体动作“跑”和“走”的识别，并通过 Scilab 对整个实验过程进行了模拟。

（7）隐马尔可夫模型是一种典型的非监督学习算法。主要用于时序数据建模，在动作识别中，通过隐藏状态来表示不同的动作类别，观测状态则相对应地从数据中提取特征向量，每个隐藏状态以概率的形式输出观测值，隐藏状态间的转移也通过一定概率发生。HMM 模型结构简单，易于理解，其主要任务是从信号前端的已知信息参数中来预测信号后端的未知参数并完成整个时间序列的预测任务。Shiqiang Y 等为研究连续动作识别效果，提出了一种基于深度信念网络和隐马尔可夫模型（DBN-HMM）构建的动作识别任务模型，利用 HMM 对训练后动作模型的对数似然值参数变化情况进行预测从而初步判断出信号的分割位置，再利用 DTW 方法对初始分割后的信号进行模板匹配从而进一步确定信号的准确分割位置，通过公开数据集 MSR Action 3D 对此类方法进行检验。结果表明，基于 DBN-HMM 的识别任务模型取得了极高的识别率。

根据目前研究现状可以发现，除 CNN 模型外，其余的机器学习模型对于数据量的要求极高，且适用的数据类型有限，缺乏可泛化性，因此本书将重点对 CNN 模型展开讨论。

2.2.4.3 识别效果判断

对于同一数据集，在利用不同的分类器对数据进行分类后，需要比较其识别效果优劣。在大多数研究应用中，通过交叉验证与统计测试来比较分类器的性能，其分类结果通常以混淆矩阵的形式出现。混淆矩阵通过行元素真实动作类别和列元素预测动作类别来反映各类动作的识别准确率以及不同动作间的混淆程度，在二分类问题中，可以从混淆矩阵中获得 4 个参量，分别为：真正例（TP，True Positives）、假正例（FP，False Positives）、假反例（FN，False Negative）、真反例（TN，True Negative），其含义见表 2-2。

表 2-2 分类结果混淆矩阵

真实情况	预测结果	
	正例	反例
正例	TP	FN
反例	FP	TN

根据表中 4 类参量的含义，可以发现 TP+FN+FP+FN=样例总数。其中，样本识别准确率（Accuracy）是评价所有类别整体分类性能最常用的指标，其定义如下：

$$\text{Accuracy} = \frac{TP + TN}{TP + TN + FP + FN} \tag{2-1}$$

3 基于单目视觉的人体骨架提取

本章主要分析基于单目视觉的人体姿态提取与描述方法。研究方法分为两个阶段：首先对人体轮廓与背景进行检测，从视频序列准确地提取出人体轮廓；然后对提取出的人体目标进行骨架线描述，并对骨架关节点定位。通过人体前景提取与人体姿态描述能有效地将图像与事件描述之间建立一种映射关系，是实现行为分析的重要基础。

3.1 基于背景建模的人体轮廓检测

在视频分析中，人体轮廓检测的应用要求不同，所采用的方法也不一样，其根本目的都是从视频序列中准确地提取出运动人体的目标轮廓。传统的人体目标轮廓检测往往对应用环境设置了很多约束，例如摄影机位置固定不变，背景场景不变等要求，即使这样，视频分析方法还是难以精确有效地将人和复杂背景区分开来，其原因有以下几点：

（1）人体姿态多样化，人体拥有各种关节使得姿态各式各样，如行走、跑步、站立、下蹲等动作；

（2）场景光线变化，场景往往存在光线不确定因素，包括逐渐的变化和突然的变化；

（3）状态变化，包括摄像机抖动和背景中物体的闪动；

（4）背景物体变化，包括物体融入和移出背景。

目前，基于背景建模的人体目标检测方法研究较多，无论是混合高斯模型还是核密度估计模型，其运算量都相当大，在高分辨率智能视频分析系统中实时性不能得到保证；同时这两种模型都是根据当前帧像素属于前景/背景的概率实现目标检测以及模型更新，因此其对渐变背景具有良好的适应性，当出现相机抖动或光线突变时很可能引起模型的崩溃。基于相关性检测的跟踪方法是通过对图像相似性的度量，在当前帧中寻找最接近模版图像区域的一种跟踪方式。其中相关系数是描述相关性的一种有效方法，其对相机抖动引起的小尺度平移、光线突变引起的灰度变化不敏感，但逐点扫描的方式使其运算量也非常大，无法保证检测的实时性。

3.1.1 核密度估计背景建模

在复杂场景中，往往背景不可能是静止的。在一个背景图像中，密度分布常常是不可预知的，使用非参数多模态背景模型的方法，可以有效处理这类分类未知问题。

核密度估计（KDE，Kernel Density Estimation）是数理统计及相关应用领域的重要工具。它运用解析化的手段，对给定样本分布规律未知的数据集求解随机变量的分布密度函数，从而构造出这些数据样本在特定空间的分布模型。

核密度估计背景建模实质上是一种改进的混合高斯背景建模方法。混合高斯模型只用3~5个高斯分布来描述背景模型，核密度估计则通过多选择高斯分布个数更精确地描述样本的密度分布，因而大大加强鲁棒性。核密度估计方法不需要背景特征概率分布的形式，也不需要对参数优化以及设置模型参数，而是从样本中直接获得概率密度估计函数。因此只要样本足够充分，核密度估计函数就能收敛于任何一个概率密度函数。

核密度估计首先通过位于采样值的局部函数的加权平均中心点，来估计未知的密度分布。在给定某一像素特征空间里的一个样本集 $S=\{x_1, x_2, \cdots, x_N\}$，观测值 x_t 的密度的分布用 $p(x_t)$ 来估计，如式（3-1）所示。

$$p(x_t)\sum_{i=1}^{N}\alpha_i K_h(x_t-x_i) \tag{3-1}$$

式中，权值 $\alpha_i=1/N$；核函数 $K_h=(1/h)K(t/h)$；h 为核函数的宽度。

如果一个像素考虑 m 个特征，高斯函数由核函数 K_h 来选择，σ_m 为各个特征中的核函数带宽，则对于式（3-1）可以进一步表示为：

$$p(x_t)=\alpha_i\sum_{i=1}^{N}\prod_{m=1}^{d}\frac{1}{\sqrt{2\pi\sigma_m^2}}\exp\left\{-\frac{1}{2}\left[\frac{(x_{tm}-x_{im})^2}{\sigma_m^2}\right]\right\} \tag{3-2}$$

相对核函数来说，在核密度估计中如何选取核函数带宽 σ 更为重要。带宽 σ 选择过小会使概率密度出现过平滑现象，反之则会出现欠平滑，这些都会对结果产生不利影响。假设令 x_i 服从正态分布 $N(\mu, \sigma^2)$，则 (x_i-x_{i+1}) 服从正态分布 $N(0, 2\sigma^2)$，即 $m=\text{median}(|x_i-x_{i+1}|)$，$m$ 为相邻两帧像素的特征值差的绝对中值。通过正态分布的中值性与对称性可以得到：

$$P[N(0, 2\sigma^2)>m]=0.25 \tag{3-3}$$

$$\sigma=\frac{m}{0.68\sqrt{2}} \tag{3-4}$$

当核密度估计的实验样本帧的序列较长时，计算相邻两帧的像素中值将花费大量时间，为了提高实际使用效率，这里将样本帧序列的绝对中值用均值近似，这样对估计结果的影响并不显著。

虽然核密度估计方法在实际应用中能够取得较好的效果，但该方法也存在比较明显的不足，主要存在两个方面：（1）计算较为复杂，核密度估计自算法被提出起，其计算的复杂性问题就被广泛关注，特别是视频图像分析对实时性要求较高，如何提高运算效率已成为核密度估计方法中的重要问题；（2）动态背景适应性等问题，为了有效提高核密度估计的实时性，在使用过程中，所采用的样本帧序列不能过长，一般选择 35~50 帧，如果一个较小的样本帧序列本身很平稳，在背景突然出现较大扰动时，可能出现前/背景的错误分割。

为了降低核密度估计方法计算的复杂性、提高对背景扰动的适应性，本书提出在对当前帧利用核密度估计进行前/背景分割之前，利用相关系数检测方法对动态背景扰动不敏感以及分块进行区域检测运算量小的优点，先进行当前帧与背景模型的相关性检测。

3.1.2 基于相关系数的前景区域检测

相关系数（Correlation Coefficient）是判别图像相似性的一种较好准则，其对于噪声、灰度变化等扰动具有良好的适应性；但在传统的基于相关算法的目标跟踪方法中很少使用相关系数作为检测准则，这主要是因为相关系数的运算量较大，在目标跟踪方法中需要逐点计算当前帧与模版的相关系数，导致跟踪的实时性无法保证。

本书采用了一种新的思路，将当前帧和建立的背景图分块，利用相关系数检测当前帧与背景模型对应块的相关性。如果相关系数大于设定阈值，则表明该块中没有前景目标，直接更新核密度估计背景模型；如果相关系数小于设定阈值，则表明相应块中出现前景目标，启动核密度估计方法对该块进行前/背景分割，精确定位出前景目标。

3.1.2.1 背景模型对应的背景图

在核密度估计方法中，背景模型是由动态更新的背景序列与核密度估计函数组成的。本书将背景图定义为背景序列对应的实际背景，其可简单地由背景序列的均值获得，在动态更新时可由式（3-5）递推获得。

$$\mu_{t+1} = (1 - \alpha)\mu_t + \alpha X_t \tag{3-5}$$

式中，μ 为背景图灰度值；X 为当前帧分割为背景像素灰度值；α 为更新速率，为小于 1 的常数。如果背景序列各元素对背景图的贡献相同，则 $\alpha = 1/n$（n 为序列长度）。考虑到在动态背景分割中，当前帧中背景像素具有最“新鲜”的信息，对背景图应有更大的贡献，因此取 $\alpha = (2\sim3)/n$。

对于确定为前景的像素，保持原背景图不变。为了应对可能出现的原背景物体发生运动转化为成前景目标，或原前景目标长期静止而转化成背景物体，可设置一个计数器 counter，如当前帧像素为背景时，置 counter=0；如当前帧像素为前景时，置 counter=counter+1；当 counter 大于计数器阈值 counterthresh 时，认为该像素的状态长期未做改变，将该像素点记为背景，参与核密度模型的更新，并更新背景图。

3.1.2.2 相关系数的目标前景检测

两幅图像的相关系数定义为：

$$Corr(f,\ g)=\frac{\sum_{i=1}^{M}\sum_{i=j}^{N}(f_{i,\ j}-\bar{f})(g_{i,\ j}-\bar{g})}{\sqrt{\sum_{i=1}^{M}\sum_{j=1}^{N}(f_{i,\ j}-\bar{f})^2}\sqrt{\sum_{i=1}^{M}\sum_{j=1}^{N}(g_{i,\ j}-\bar{g})^2}} \tag{3-6}$$

$$\bar{f}=\frac{1}{MN}\sum_{i=1}^{M}\sum_{j=1}^{N}f_{i,\ j},\quad \bar{g}=\frac{1}{MN}\sum_{i=1}^{M}\sum_{j=1}^{N}g_{i,\ j}$$

式中，f 为当前帧中的块；g 为背景帧中的块；$\bar{f}$ 为当前帧中的块的均值；$\bar{g}$ 为背景帧中的块的均值；M，N 为块的尺度。

相关系数满足 $|Corr|\leqslant 1$，在［-1，1］范围内描述两幅图像的相似性，$Corr$ 越接近 1 表明两幅图像具有越强的相似性。因此，在对当前帧与背景图对应块的相关性检测中，如果对应块的相关系数接近 1，则表明当前帧与背景图在该块的区域内具有良好的相似性，没有前景目标出现；如果对应块的相关系数较小，则表明当前帧与背景图在该块的区域内存在较大差异，这种差异是由前景目标出现引起的。由此可以实现对存在前景目标块的检测。

采用这样一种机制实现了对背景模型的分层检测，第 1 层是分块的粗检测，由相关系数分析完成，对动态背景以及噪声灰度变化具有良好的适应性；第 2 层对出现前景目标的块进行精确分割，由核密度估计方法完成，由于目标只可能出现在有限的几个块中，使核密度估计的运算量大为降低，保证了实时性的要求。

3.2 基于形态学的骨骼提取研究

人体骨架包含很多人体运动特征的信息，对人体姿态识别有重要意义。人体骨架具有与人体相同的拓扑结构，是基于形状特征的人体简化描述方式，能够更为直观地描述运动人体姿态的形状特征，所以骨架在图像分析相关领域有举足轻重的作用。例如 Lovato 等首先使用 Active Countor 方法来提取骨架，然后求得特征点的方式建立人体模型；Chen 等设计了星型骨架模型，但所取的质心作为中心点不能有效的描述人体结构；Tao 等建立了基于尺度骨架模型，但只适用于人体正面，且关键点计算过于复杂。

骨架的线性结构能减少匹配过程中的冗余信息和描述复杂度，并且精确保留了人体运动姿态的本质特征，对后续旗语识别的工作开展有着极大帮助。骨架提取方法大致可以分为两种：（1）基于距离变换的方法，（2）基于数学形态学的方法。

人体骨架提取应满足以下要求：

（1）骨架应当准确地保留原人体姿态图像的拓扑结构，能够有效真实地还原视频图像中的人体姿态。

（2）提取后的骨架的线性结构能够准确地描述人体线型几何参数，运动变化过程中具有一定的抗噪性。

（3）骨架提取过程中要求算法复杂度低，同时对各个骨骼节点的位置和变化角度的精确性高，自动化时效性程度高。

3.2.1 距离变换算法

距离变换的核心思想是在一个离散的空间里，每个点到物体所有的边界点总存在最短距离，而所有目标点及对应的距离值就形成了一个距离场。根据绝对量的距离性质，这里定义 D 为距离函数，而距离符合下列三个性质：

(1) $D(p, q) \geqslant 0$，（当且仅当 $p = q$ 时，$D(p, q) = 0$）；

(2) $D(p, q) = D(q, p)$；

(3) $D(p, m) \leqslant D(p, q) + D(q, m)$。

而距离场变化又分为两类：欧氏距离和非欧氏距离，其中欧氏距离计算公式为：

$$D(p, q) = [(x - s)^2 + (y - t)^2]^{\frac{1}{2}} \tag{3-7}$$

式中，(x, y)，(s, t) 为二维空间的欧氏距离，即二维离散空间两点的坐标。而在 N 维空间计算公式为：

$$D(p, q) = \left[\sum_{i=1}^{n} (a_i - b_i)^2 \right]^{\frac{1}{2}} \tag{3-8}$$

式中，a_i 为 p 点的第 i 维坐标；b_i 为 q 点的第 i 维坐标。

二值图像通过距离变化后，通过对提取的人体前景点的像素值使用欧氏距离值替代后，进行卷积等操作，找到符合规则的特殊点，从而构画出人体骨架线。在骨架提取中，欧氏距离变化具有计算精度高、速度快、相对细化骨骼节点位置定位准确等优势。

3.2.2 基于数学形态学细化方法

数学形态学（Mathematical Morphology）是在集合理论基础上建立起来的学科，并广泛应用于数字图像处理中，其主要思想是通过定量方式描述与分析图像的几何结构。它本质上是一种非线性的滤波方法，其特点是将复杂形状进行分解。本书中为提取图像中的人体骨架，主要运用数学形态学中的腐蚀与膨胀运算方式逐步细化方法。这种方法的原理是：首先逐步对图像的边界向内腐蚀，同时确保单像素的端点与骨架线不被腐蚀，最后得到相应的骨架。

这里设 A 和 B 为两个二维欧氏空间中的集合，a、b、c 是欧氏空间中的点，则得到以下重要概念。

（1）平移操作：

$$A^b = (a + b \mid a \in A) \tag{3-9}$$

（2）膨胀操作：A 被 B 膨胀的结果表示为 $A \oplus B$，记为 X，$\oplus$ 为膨胀算子。

$$X = A \oplus B = \{a + b \mid a \in A,\ b \in B\} \tag{3-10}$$

这里 X 是由对图形 A 平移所有 b 值后形成的并集合的结果，因此图像边缘像素点的灰度值会增加，从视觉效果来看就是 A 变大了一圈。

（3）腐蚀操作：A 被 B 腐蚀的结果表示为 $A\Theta B$，记为 Y，Θ 为腐蚀算子。

$$Y = A\Theta B = \{c \in \Omega \mid B^c \subseteq x\} \tag{3-11}$$

腐蚀操作可以看作是膨胀操作的反过程，腐蚀结果 Y 为 B 被平移 c 后的集合包含 A 的点 c 的集合，腐蚀操作的实质也是将 A 外围的部分像素点，根据灰度差值的比较形成了 Y，从视觉效果来看就是 A 的边缘值向内收缩。

（4）开、闭运算：

$$\begin{aligned} A \circ B &= (A\Theta B) \otimes B \\ A \cdot B &= (A \otimes B)\Theta B \end{aligned} \tag{3-12}$$

开运算可以看成首先进行一次腐蚀，对腐蚀后的结果再进行一次膨胀。通过开运算后的图像，可以达到平滑边界的效果，削减边界处的细的突出和凸出的尖刺部分。

3.3 人体姿态骨架模型建立

3.3.1 骨架关节点模型建立

在人体骨架模型建立过程中，本书采用人体测量学方法建立人体骨架模型，主要思想是通过对提取的骨架进行逐行扫描，查找出特征性骨架关节点，将这些特征点按特定规则连接起来，从而得到了人体骨架模型，如图 3-1 所示。本节通过关节点的运动特征，主要提取活动性较强的关节点；由于不同身体部位之间的比例是固定的，依据美国国家航空航天局（US-NASA）人体测量参考手册可完成对人体骨骼节点的定位。

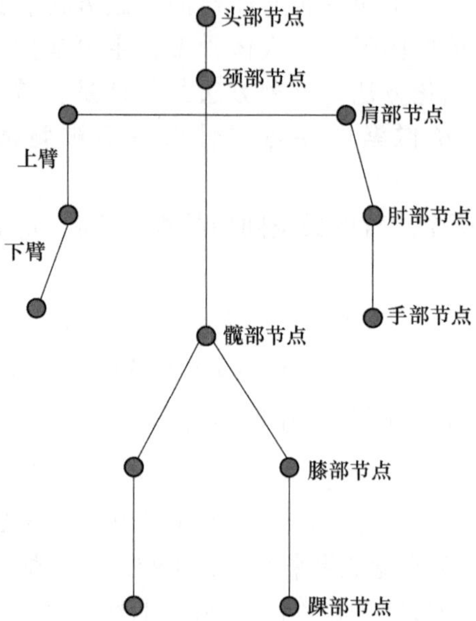

图 3-1 人体骨架模型

从表 3-1 中可以看出，通过比例化的人体运动骨架模型，对人体骨架提取具有较高的鲁棒性，同时对运动信息有较好的还原性，较有效地保留了运动中人体骨架的特征信息。

表 3-1 人体结构比例表

关节点连接	比例尺寸	关节点连接	比例尺寸
头顶至颈关节	0.150H	髋关节至头	0.520H
颈关节至肩关节	0.125H	髋关节至膝关节	0.245H
肩关节至肘关节	0.188H	膝关节至踝关节	0.245H
肘关节至腕关节	0.145H		

注：H 为 Height 的简写，指人的身高。

3.3.2 链码遍历骨架算法

链码遍历骨架算法是利用数学形态学细化算法对所提取的骨架进行链码遍历，通过遍历标识位和曲率值来定位关节点，从而建立人体姿态骨架模型。链码遍历骨架算法可以准确地定位四肢拐点，较为有效地表达身体的具体信息，为进一步识别人体姿态工作奠定了基础。算法流程图如图 3-2 所示。

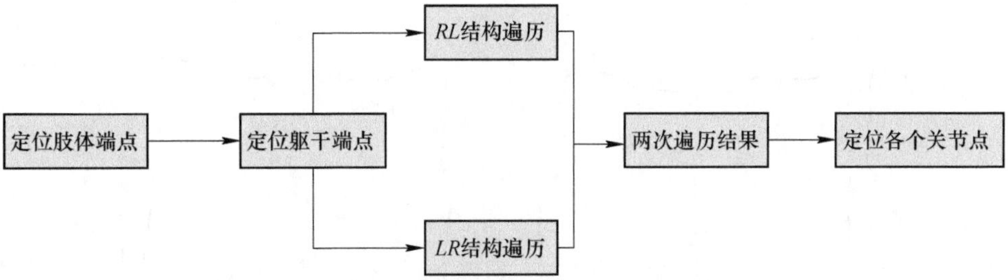

图 3-2 链码方式遍历骨架算法流程图

需处理的骨架图像记为 I_d，建立标志位图像 I_m，初始值为 0。首先定位肢体端点，扫描 I_d 记录骨架 8-领域中像素为 0 的数目 $D(x, y)$，当 $D(x, y)=1$ 时，则认为该点像素为肢体端点；然后得到肢体 5 个端点后，根据其位置将信息标记为 *H*、*LH*、*RH*、*LF*、*RF*，并设计链码遍历的结构和遍历位置的优先级，定义结构 *RL* 和 *LR*，如图 3-3 所示。图中黑色区域表示 I_d 中的骨架像素，灰色位置表示可能进行的遍历位置，其中数字表示遍历的优先级。

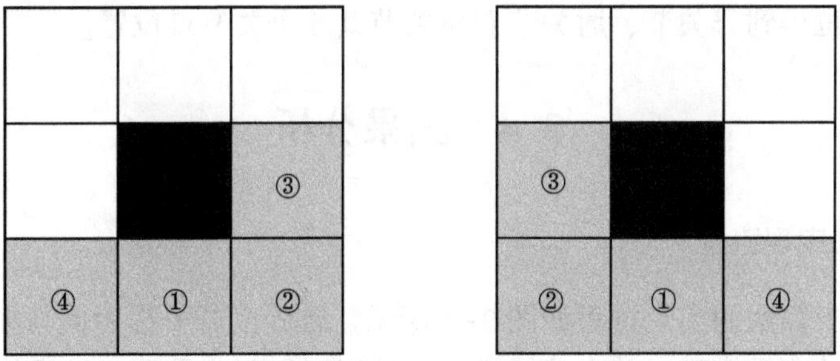

图 3-3 *LR* 和 *RL* 结构

取上肢端点 *LH* 采用 *LR* 结构进行遍历，而上肢端点 *RH* 采用 *RL* 结构进行遍历，则遍历步骤如下：

（1）初始值为 *LH*，从标记 *D* 出发；

（2）以结构 *LR* 为优先级顺序查找骨架像素 I_d，并找到第一个像素为 0 的位置 $I_d(x, y)$，同时设置 I_m 相对应的位置 $I_m(x, y)$，并对其像素加 1；

（3）令 $D=I_x(x, y)$。重复（1）、（2）直至 *LR* 结构中不存在像素为 0 的点；

（4）以 *RH* 为标记 *D*，结构 *RL* 为优先顺序，重复（1）~（3）步骤完成遍历。

通过对 I_d 被遍历后的 I_m 所对应的位置加 1，经过两次遍历后如图 3-4（c）所示结果，重复的位置像素为 2，则像素为 2 的位置则表示为躯干。躯干第一个位置和最后一个位置为躯干颈关节和髋关节。通过上述步骤便可以得到标志图像 I_m，如图 3-4 所示。

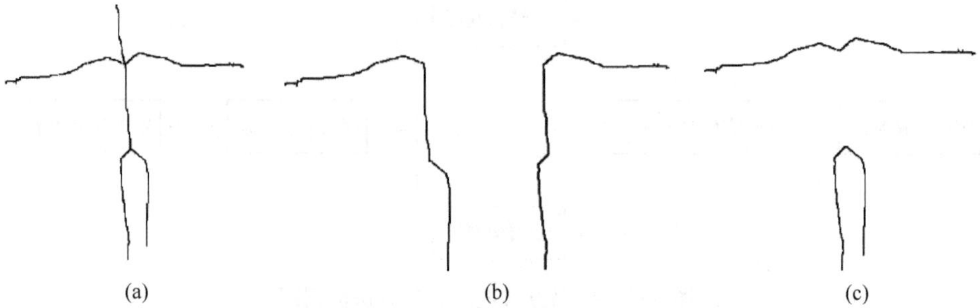

图 3-4 标志位图像
(a) 提取的骨架图像；(b) *LR* 和 *RL* 结构遍历；(c) 两次遍历后结果

然后通过四肢直线确定一个矩形范围，根据 3. 3. 1 小节定义人体比例关系，求得关节点所对应的肢体直线距离 d，d 的表达式如下：

$$d = \frac{|Ax + Bx + C|}{\sqrt{A^2 + B^2}} \tag{3-13}$$

由此可以定位得到肩关节、肘关节和膝关节共 6 个关节点位置。

3.4 结果分析

3.4.1 算法实现流程

本节提出算法的实现过程如图 3-5 所示。首先由若干初始帧与高斯核函数建立核密度估计背景模型，并由背景模型的帧序列得到背景图；然后将当前帧与背景图进行块划分，并对相应的块做相关系数检测。如果对应块的相关系数大于阈值，则表明当前帧的该块区域内无前景目标，可直接更新背景模型；如果对应块的相关系数小于阈值，则表明当前帧的该块区域内出现前景目标，此时利用核密度估计方法对该块区域进行前/背景分割，前景部分不参与背景模型的更新。而提取后的人体前景首先经过图像细化得到较为准确的人体骨架。利用建立人体模型对骨架轮廓通过链码方式遍历骨架，从而获取骨架关节点，由此得到人体各个关节位置信息。

3.4.2 测试实验与结果

为了验证算法对前景人体轮廓以及骨架的有效提取，测试实验选取在相对稳定的场景条件下获取运动人体视频。监控场景中的目标离摄像头 10m 左右，目标人体尺度在视频画面中体现较为完整。测试所用设备为 2. 4G 主频 CPU 的笔记本，算法由 VC++6. 0 基于 OpenCV1. 0 实现，视频分辨率 640×480 像素。

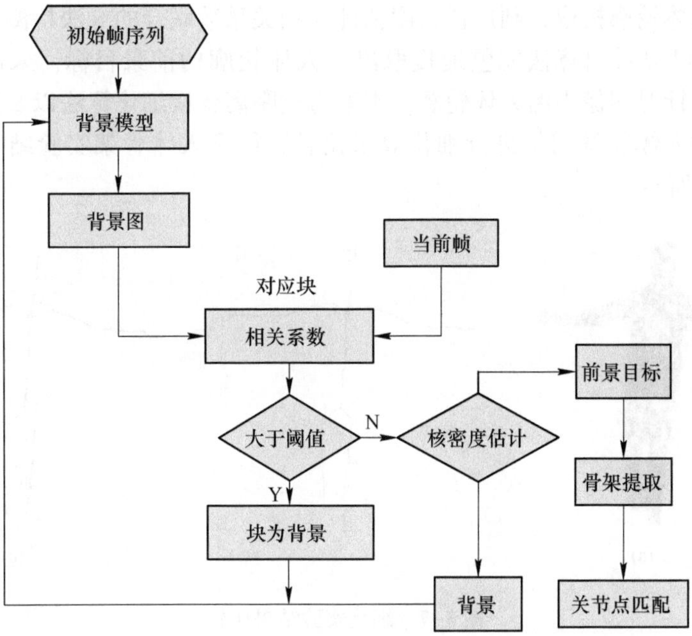

图 3-5 本节算法实现流程

核密度估计模型由 30 帧图像序列和高斯核函数构成，将图像按 35×35 像素分块。实验中发现在没有前景目标出现的情况下，当前帧与背景图各对应块的相关系数稳定的保持在 0.95 左右；在出现前景目标的情况下，包含目标的块中当前帧与背景图的相关系数小于 0.8。

对于边界无重叠的块划分，在某些特定情况下可能会出现漏检问题，即当尺度较小的目标恰巧出现在两个块的交界处时，对于每个块来说，当前帧中只有极少的像素与背景图存在差异，此时其相关系数仍然大于 0.95，会造成对目标的漏检。为了解决这一问题，在块划分时采用了块边界重叠的方法，如图 3-6 所示，使各块的边界有 6 个像素的重叠区域，从而保证当目标处于某两个块的交界时，至少能使某一个块的相关系数小于阈值，避免漏检。

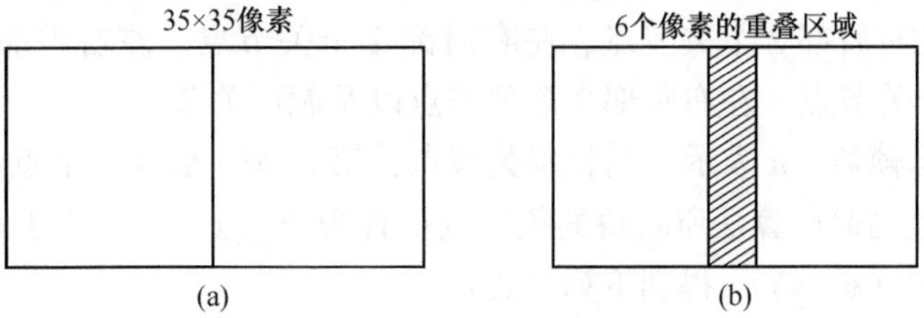

图 3-6 块的划分方式

（a）边界无重叠划分；（b）边界重叠划分

对于人体轮廓提取，利用核密度估计与相关系数联合的方法检测，结果见图 3-7（a），可以看出算法完整地提取出了人体轮廓的前景目标，未出现误检区域。同时，针对图像中的人体轮廓，本章通过距离变换细化算法以及数学形态学细化算法对人体前景图像进行细化效果比较，得到人体骨架实验结果如图 3-7（b）、（c）所示。

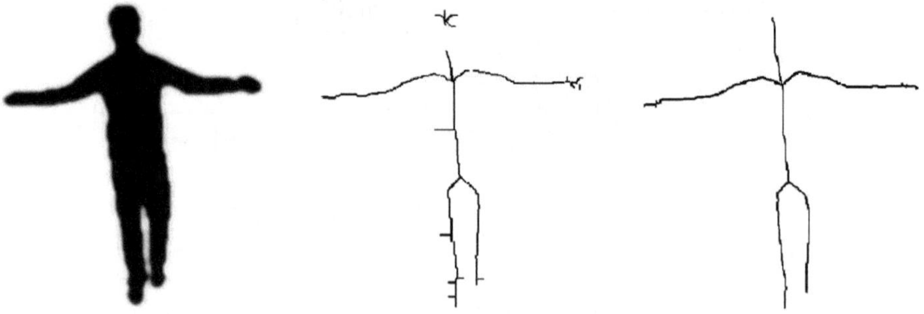

(a)　　(b)　　(c)

图 3-7　细化实验结果比较

（a）人体轮廓的提取；（b）距离变换细化结果；（c）形态学细化结果

通过对实验结果分析，虽然两种算法都有效地对人体骨架进行了提取，但是距离变换在图像细化过程中毛刺较多，骨架降噪处理较为复杂，从而加大提取难度。形态学细化算法所提取的骨架较为清晰，且得到的图像均是单像素宽。因此，本次采用通过数学形态学算法提取后的骨架信息，构建出人体模型并利用链码方式遍历骨架算法寻找骨架关节点。

目前，在类似人体关节点定位研究中，尚未存在一种通用的衡量关节点定位的方法。因此，经相关文献的查询，绝大多数是采取人工手动标定的方式与机器计算出的骨架关节点相比较。因此，为验证骨架关节点的精确性，本书对视频中的运动人体进行人工主动意识目测来标定骨架关节点。将已提取骨架关节点与人工自主标定的关节点之间进行像素距离的比较，以此来作为骨架位置误差值。本书选用人体部位特征明显的 12 个骨架关节点作为算法比较分析，其分别为：颈部关节点、左右肩部 2 个关节点、左右肘部 2 个关节点、左右手部 2 个关节点、左右膝部 2 个关节点、左右脚部 2 个关节点以及髋部关节点。

设 m 表示帧数，n 表示不同骨架关节点，第 m 帧中骨架关节点像素误差值为 e_{mn}，本实验链码遍历算法所获得的关节点位置为 $P_{mn}(x, y)$，人工自主标定的关节点位置为 $P'_{mn}(x, y)$，得到下列公式：

$$e_{mn} = |P_{mn}(x, y) - P'_{mn}(x, y)| \tag{3-14}$$

式中，$2 \leqslant m \leqslant 7$；$1 \leqslant n \leqslant 12$，不同帧中的关节点误差值 e_{mn} 的统计如表 3-2 所示。

表 3-2 实际的骨架关节点对比统计分析

帧数	不同骨架关节点											
	$n=1$	$n=2$	$n=3$	$n=4$	$n=5$	$n=6$	$n=7$	$n=8$	$n=9$	$n=10$	$n=11$	$n=12$
$m=2$	5	5	6	8	10	4	6	9	6	7	7	5
$m=3$	7	6	8	8	7	5	8	7	8	9	6	8
$m=4$	6	4	6	9	5	7	6	7	8	9	6	7
$m=5$	5	7	4	5	4	5	12	7	8	9	7	6
$m=6$	6	8	6	6	6	4	6	9	9	11	6	7
$m=7$	5	5	7	3	7	5	6	5	3	8	6	5

从表 3-2 中可以看出，随着视频帧 m 的不断变化，骨架关节点误差值 e_{mn} 也相对发生变化，而不同骨架关节点所体现出的误差也不同。通过整体实验分析得出，虽然存在部分误差较大的结果，但整体平均误差不大。为体现出误差在图像距离上的位置关系，这里定义了最大骨架位置误差率公式：

$$\alpha_m = e_{mn}/v \tag{3-15}$$

式中，v 为单幅图像中行与列的最大值。本实验中最大骨架位置误差率是 $n=10$ 骨骼节点，为平均 9 个像素点，平均最大误差为 6.57 个像素点，因此可以看出误差率较低，测试结果证明系统采用方法是有效的。

但在实验分析中发现，基于单目视觉的人体姿态在识别过程中，往往会因为手臂遮挡或重叠等问题，无法在 RGB 图像中准确提取人体骨架关节点，造成识别系统的误识率大大增加，并且相关文献中并没有提出一种有效解决方法，因此单目视觉在本实验识别中并不适用，因此对于此问题必须寻找一种可行方案。

3.5 小　结

（1）本章首先提出了一种联合相关系数的分块分层目标检测机制，利用核密度估计与相关系数检测各自的优点，在显著降低运算量的同时，使鲁棒性得到明显提高；

（2）然后利用数学形态学方法对提取后的前景人体目标进行细化，经过其他算法的比较，证明该方法细化更为精确，能够更好地描述人体姿态；

（3）最后采用选取链码遍历骨架算法建立骨架模型，寻找骨架关节点，在长时间的实验测试中证明了方法的有效性。

4 基于深度信息的人体姿态特征提取

基于单目视觉的人体骨架提取是把三维景物投影在二维平面，然后通过目标特征与图像数据之间的数学关系来重构三维景物，丢失了深度信息而导致单目视觉传统视频分析手段无法处理遮挡或重叠等复杂人体动作问题。虽然通过双目立体视觉等方法可以获取深度信息，但存在以下三点问题：（1）系统设备过于复杂，需要加装摄像头；（2）环境以及光线条件要求过高；（3）算法计算量过大复杂，精度没有保证。为解决这些问题，采用基于深度信息的检测方法来更好更精确地识别旗语手势，该方法与其他方法最大的差异在于能有效降低环境的影响。深度图像中的灰度值实质是物体表面到采集窗口的距离，而在光照条件不稳定的情况下，深度图像不受颜色、光照等因素的影响，从而大大提高旗语识别效果的鲁棒性。同时，深度图像能够很好地处理一些重叠遮挡等问题。

4.1 深度图像原理

4.1.1 深度图像概念

深度图像（Range Image）又称为距离图像，是一类特殊形式的图像。John&Sons 公司于 2005 年出版的《计算机视觉和图像处理词典》中这样定义深度图像："A represent of range data as an image"。狭义上认为，深度图像的格式与灰度图像的格式一致，目标曲面的点到平面的距离由图像上的亮度值所对应，如图 4-1 所示。同时，深度图像就是物体的三维图像。陶曼、路兴昌则认为深度图像与灰度图像的区别是：深度图像用数学可以表示为一个矩阵，矩阵的行与列代表深度图像平面坐标的 X、Y 轴，矩阵中的每个点的数值代表深度传感器到场景目标之间的距离 $d(x, y)$。灰度图像用数学也可以表示为一个矩阵，矩阵的行与列也代表了灰度图像平面坐标的 X、Y 轴，矩阵中的每个点的数值代表图像的像素值 $g(x, y)$，而 Helmut Cantzler 则认为在数学矩阵的表达上，深度作为灰度图像并不能完全表达三维信息，而表达为 2.5D image。

深度图像是由深度传感器生成的，其主要特点是不受环境、光线及物体表面材料的反射特性的影响。因此，能够更为准确地表示目标物体表面在空间中的三维信息。从 RGB 以及灰度图像中提取目标物体的三维信息有特别的限制，而深度图像可直接利用其信息。因此，利用深度图像可以较容易获得被测目标的几何

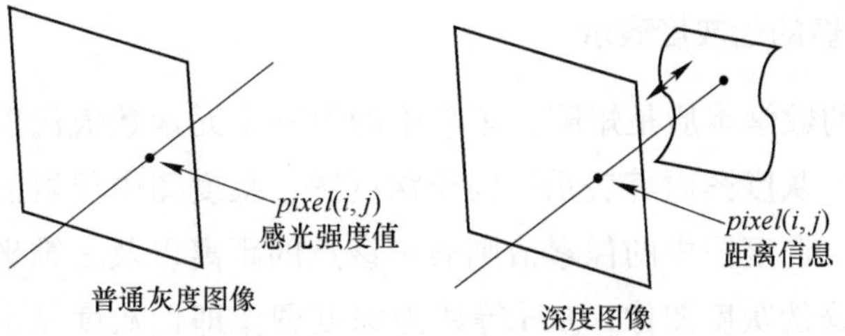

图 4-1 普通灰度图像与深度图像

和物理特性，简化了对目标物体的定位和识别等问题。如图 4-2 分别为同一场景的 RGB 图、灰度图和深度图。

图 4-2 场景中的彩色图、灰度图和深度图

从数学模型上看，在集合 K 上，标量函数 $j: I^2 \to R$ 被看作深度图像的离散采样，即取得 $r_i = j(u_i)$，二维网格空间的索引为 $u_i \in I^2$，$r_i \in R$，$i = \{1, \cdots, k\}$。即获得深度数据的三维坐标 (x_i, y_i, z_i)，如图 4-3 所示。

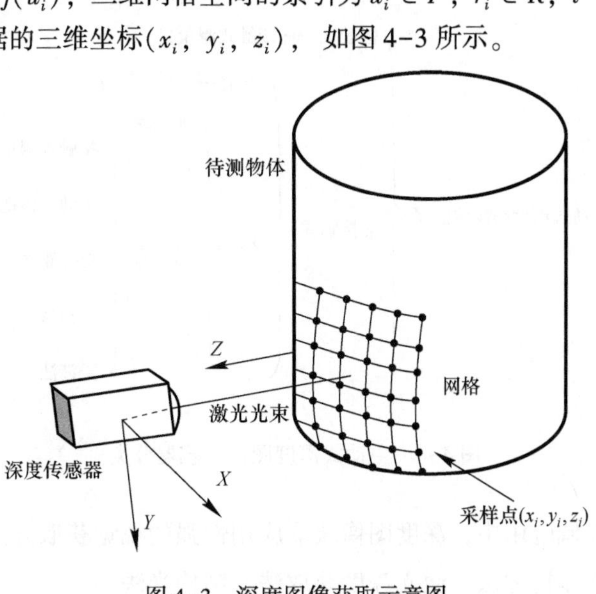

图 4-3 深度图像获取示意图

4.1.2 深度图像的伪灰度表示

深度图像的数学本质是矩阵，矩阵中的每一个元素数值代表着目标与传感器之间的距离。灰度图内容表示不同于深度图，灰度图中像素值表示为该点光的亮度或灰度。深度图中的像素值则表示该点的距离以及三维坐标信息。所谓的深度图像就是伪灰度图像，Jain 等认为深度图像即伪灰度显示。实际上，伪灰度表示是深度图像狭义上的表示含义，在下文中所提到的深度图像都是指伪灰度图像。

4.2 深度图像获取方法研究

4.2.1 深度图像获取方法

深度图像获取技术分为主动测距传感和被动测距传感，同时又可以分为接触式和非接触式。其中，主动式深度图像传感器分类如图 4-4 所示。主动距离传感指的是视觉传感器向目标物体主动发射能量光束，如激光雷达测距、声呐测距以及结构光测距等。而被动测距传感是指视觉传感器被动接受来自物体目标场景的光线，通过光能量分布函数形成灰度图像，来重构出深度信息，传统视觉获取方法都属于被动式，如双目立体视觉测量及多目视觉测量等。

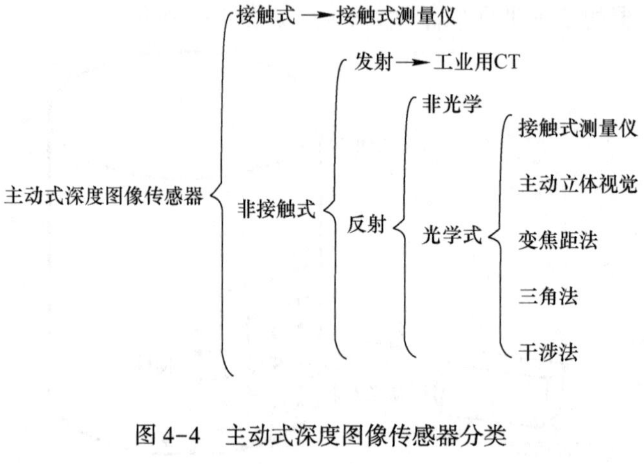

图 4-4 主动式深度图像传感器分类

目前视觉领域应用中，深度图像获取应用性强的视觉获取方式，主要分为以下 3 种：双目立体视觉法、激光深度获取法、结构光法。

4.2.1.1 双目立体视觉法

双目立体视觉法主要通过 2 个垂直于水平面上的可见光传感器（CCD, Charge Coupled Device）对目标从不同角度进行摄像，通过实际空间中的点在对应的两幅图像中的位置关系，来获取该点的空间位置坐标。双目立体视觉基本原理类似于人眼三维生理感知机制。人眼在观测事物的时候，因为双眼存在角度不同，所以看到的图像也存在视觉不同，利用这种差距可以进行三维立体重构。因此双目立体视觉法也是通过获取两张或两张以上的二维图像，利用光学标定、图像配准和三维重建等方式获取深度信息，如图 4-5 所示。

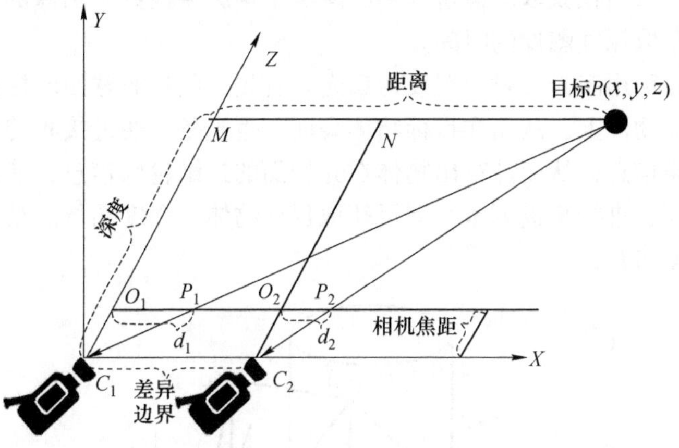

图 4-5 双目视觉深度信息获取原理示意图

图 4-5 中，$P(x, y, z)$ 为特征点三维坐标，特征点 $P(x, y, z)$ 在同一平面的两个摄像机的成像点位置不同。而同一目标点的不同成像点称为共轭对，因此可以通过计算两幅图像中的共轭对之间的距离差值，从而获取目标点的深度信息。

立体视觉具有设备简单，应用领域广泛，同时不用特定的人为光源等优点。但立体视觉法必须利用图像颜色、纹理、光亮等参数来判断深度距离，计算复杂，精度无法保证，同时这类方法在多数情况下不具备通用性。

4.2.1.2 激光深度获取法

激光深度获取法是首先主动对目标场景发射红外光束，利用光束抵达物体的时间与反射回传感器的时间之间的差值来确定深度距离，如加州理工学院 JPL 实验室研制出的高精度的激光测距系统。首先使用一个发射装置向测试目标发射一束激光，激光在测试空间的飞行速度 c 是一定的，所以可以通过共轴的接收装置，测算出光束来回飞行的间隔时间 Δt，来计算出深度数据 R。

激光获取深度图像的计算公式如下：

$$R = \frac{\Delta t}{2} \times c \tag{4-1}$$

式中，c 为光速。激光获取具有波长短、波束窄的特点，因此具有较高的角、距离以及速度分辨能力，同时获取范围较大。

4.2.2 基于结构光深度获取优化

基于结构光的深度信息获取方法是在激光逐点扫描法的基础上发展起来的。尤其近年来随着计算机自动化视频影像技术的发展，数字图像可以直接传入计算机进行处理，从而在获取图像过程中，减少了摄影转换数字图像的处理过程，并大大优化了获取深度图像的时间。

结构光是利用激光发射装置发射激光。首先，经过非球面的柱面镜将光源平面照射在目标物体上，从而在目标物体表面产生光条，通过接收传感器获得数字图像上的光条信息，从而计算出物体在光切面的二维轮廓信息；然后，沿着第三维的直线方向，进行步进测量，即可获取目标物体的深度图像。结构光获取原理示意图如图 4-6 所示。

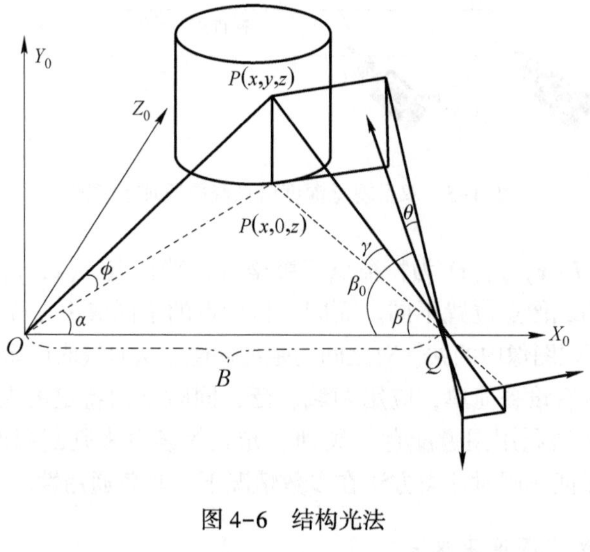

图 4-6 结构光法

图 4-6 中，Q 为 CCD 摄像机镜头，O 为激光发射装置，B 为激光发射装置与摄像机镜头之间的距离。OQ 与 X_0OZ_0 平面所成的角度表示为 α；OP 与 X_0OZ_0 平面所成的角度表示为 ϕ；PQ 与 X_0OZ_0 所成的角度表示为 γ。光轴与 OQ 的夹角为 β_0，摄像机的视场角为 β，β_0 和 β 通过 B 标定来获得。根据摄像机成像原理可以推导 P 点的计算公式为：

$$z=\frac{B}{\cot\alpha+\dfrac{\cot\beta_0+(\tan\beta/N)n}{1-X_1(\cot\beta_0\tan\beta/N)n}}$$

$$x=z\cdot\cot\alpha \tag{4-2}$$

$$y=\frac{z(\tan\theta/M)m}{\sin\beta_0-\cos\beta_0(\tan\beta/N)N}$$

通过式（4-2）计算 $\rho(x,\ y,\ z)$ 便可得出物体目标被照光条的深度值。式中，M、N 表示为传感器所获取的图像的宽和高，m、n 分别表示为点 $P(x,\ y,\ z)$ 的映射点的位置。

结构光具有精度高，视场广泛，测量距离远，易于提取，提取速度快及主动受控等优点。结构光被广泛应用的同时也在不断改进，其中光编码技术就是一种最新的结构光技术。传统结构光方法光源打出去的是一幅二维的图像编码，光编码技术是通过光源照明给测量空间进行照明实现编码，它的发射的光源是一个具有三维纵深的体编码。而 Kinect 深度相机是光编码技术的最新应用传感器，如图 4-7 所示深度图。

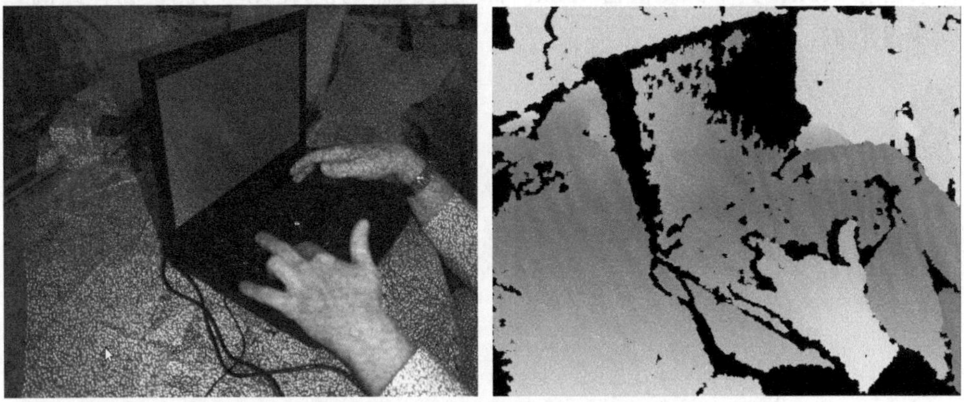

图 4-7 结构光相机获得的深度图像

4.2.3 基于结构光的深度传感系统环境分析

在视频图像数据获取中，人体目标前景需要有效地被机器所识别。基于结构光的深度传感器和其他视觉传感器一样，也有视场，图 4-8 为基于结构光的深度传感器视野范围。

图 4-8 中深度传感器的视场是金字塔形状的，离摄像机远的物体比近的物体拥有更大的视场横截面积。这就意味着图像的宽度与高度和摄像机视场的物理位

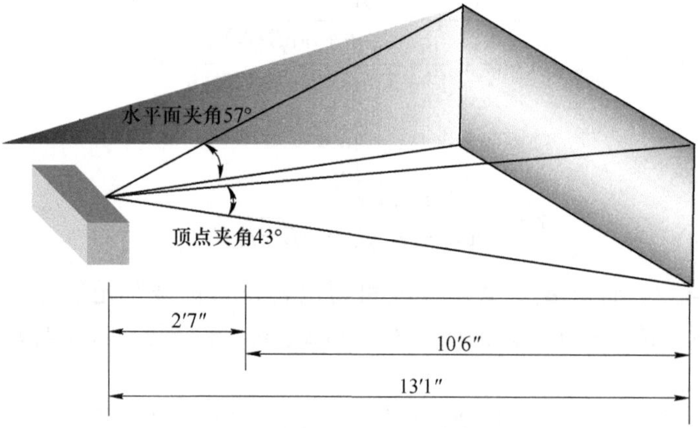

图 4-8 传感器视场范围示意图

置并不相互对应。但是每个像素的深度值和视场中物体离摄像机的距离是对应的。同时近红外摄像头也存在一定的获取范围，因此需要事先标定光源，专利标定方法描述如下："每隔一段距离，选取参考平面"。深度图像数据帧中，每个像素占有 16bit，其中深度值占 13bit。深度传感器的前端感应与测量物体距离如图 4-9 所示。

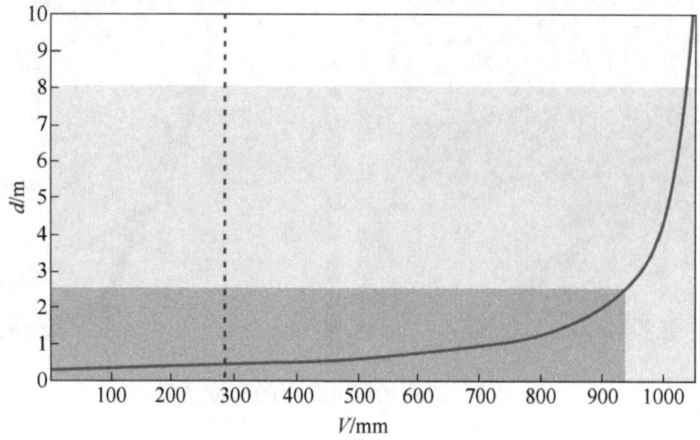

图 4-9 传感器与测量物体距离关系图

根据深度传感器的前端感应与测量物体的距离关系，本文设定测量有效范围为距离 2～10m，其中每隔 12cm 取一个参考平面。深度传感器最大深度值为 4096mm，如图 4-10 所示。左图中手部的红外点阵代表测量的该点距离，左图测量点距离为 1. 341m，这与人体与深度传感器的实际距离非常接近；右图 0 值表示深度传感器无法确定的深度值，一般被当作特殊值被忽略掉，-1 深度值表示物体离传感器太近。因此本书旗语识别开发中设定像素值取值范围为 4′~12.5′，使用距离为 1.2~3.8m。在这个范围内的获取深度信息更精确，有效降低测量误差比率。

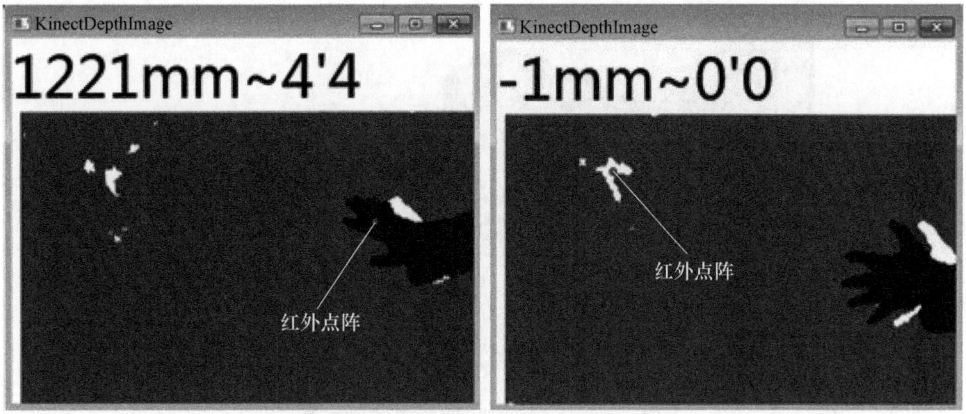

图 4-10 深度信息与通过红外摄像机观察到的红外点阵分布情况

4.3 基于深度信息的骨架提取

第 3 章主要解决了骨架在传统 RGB 获取中主要存在的问题：(1) 在 RBG 人体前景提取中，骨架线与骨架关节点可能提取失真，无法有效表达人体运动状态。尤其在动作遮挡重叠过程中，传统 RGB 无法解决这一问题。(2) 传统图像提取中，图像受到环境与提取方法的影响较大，容易受到噪声点以及图像边缘不平滑等影响，造成骨架关节点误识。

在采用深度信息获取方法后，不仅可以有效地保留人体深度信息，而且通过深度信息可以有效体现出遮挡的手臂形状特征，如图 4-11 利用 mesh 网格图表示的手臂重叠。从 mesh 网格图可以看出，如何利用手臂与身体深度值之间的差异来确定手臂位置，是解决动作重叠或遮挡等传统 RGB 提取骨架所不能解决的问题的关键，最终还原人体的真实姿态。

基于深度信息的人体姿态特征提取主要分为以下几个步骤：

(1) 提取人体深度前景图；

(2) 细化获取人体骨架线；

(3) 确定骨架关节点位置，重构骨架线。

4.3.1 基于深度信息的人体轮廓分割

为快速有效地对深度图中的人体轮廓进行分割，根据深度图像中人体深度值

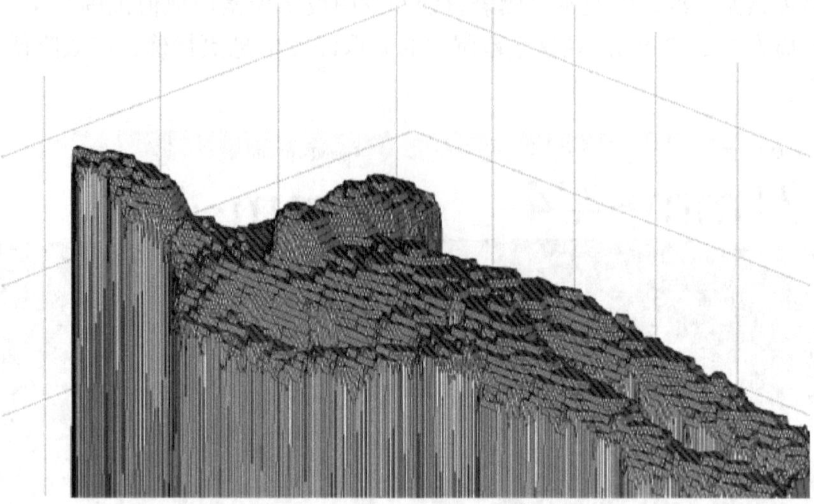

图 4-11 mesh 网格图表示手臂重叠

与背景深度值之间的不同，本实验首先在中间位置找到一块最小区域，求取这块区域的平均值。假定测试人体周围没有其他的大面积干扰物，只要中间深度图像的深度值与平均值相近，则认为是检测到的人体区域。然后，再从这个小区域出发，取与它相近区域深度值与平均值接近的像素逐步扩充进来，再将除此以外的其他区域与表示地面的部分像素去除，这样就可以初步地确定人体区域的范围，从而得到人体区域的深度图。

因此，本章采用逐步向外扩张的方法来进行前景提取，而实际提取中人体区域面积较大，并存在手臂遮挡等造成像素值不一致等现实问题。因此，为了方便在深度图中有效检查出人体区域，本章使用直接阈值分割的方法对人体区域与背景进行分割。深度图中人体区域提取图如图 4-12 所示。

4.3.2 基于深度信息的骨架提取

深度图的优势在于能将视野范围内的物体远近通过数值的方式有效表示出来。如图 4-13 中人体动作所示，手臂在人体正前方，就会产生一个与躯干不同的深度值。从实验中可以看出，手臂在向前伸展时，躯干与手会产生 5~6 个深度值差异。虽然不是太明显，但加以利用便可以解决运动人体手臂重叠等问题。

本书上一章利用数学形态学方法对提取后的人体区域进行细化，得到较好的细化结果。实际上，深度图的优势在于能够较好地对空间中的物体远近利用深度数值的方式表现出来。而在深度图细化过程中，在身体前方的手臂用同样的方式进行细化，而遮挡的躯干部分同样可以显示出来，这样就会在身体前方细化出一

图 4-12 深度图与人体区域分割结果

条线出来，解决这一类问题较经典的方法就是冲刷模拟方法。

冲刷模拟方法的主要思想就是首先将一幅灰度图像看作一个平面，由底向上模拟水面上升过程，当两边水流相遇时便产生“脊点”。因此，利用这一特征可以很容易地提取身体前方的手臂。但该方法存在骨架因“脊点”轨迹产生的变形，这样会使提取的骨架大大失真。因此，此方法不适用于本实验要求。

4.3.3 改进的基于深度信息骨架提取方法

本实验考虑利用人体的形状特征来解决这一问题。人的身体部分近似于在一个类平面中，同时也类似于一个四边形。如果利用这一特征，首先将身体部分剔除，而剩下的就是两手臂部分，这样就很方便提取手臂的骨架。其主要思路如下：

(1) 确定身体区域范围，取得近似四边形的区域，其中四边形 4 个角由上至下为 2 个肩部和髋部的两侧。

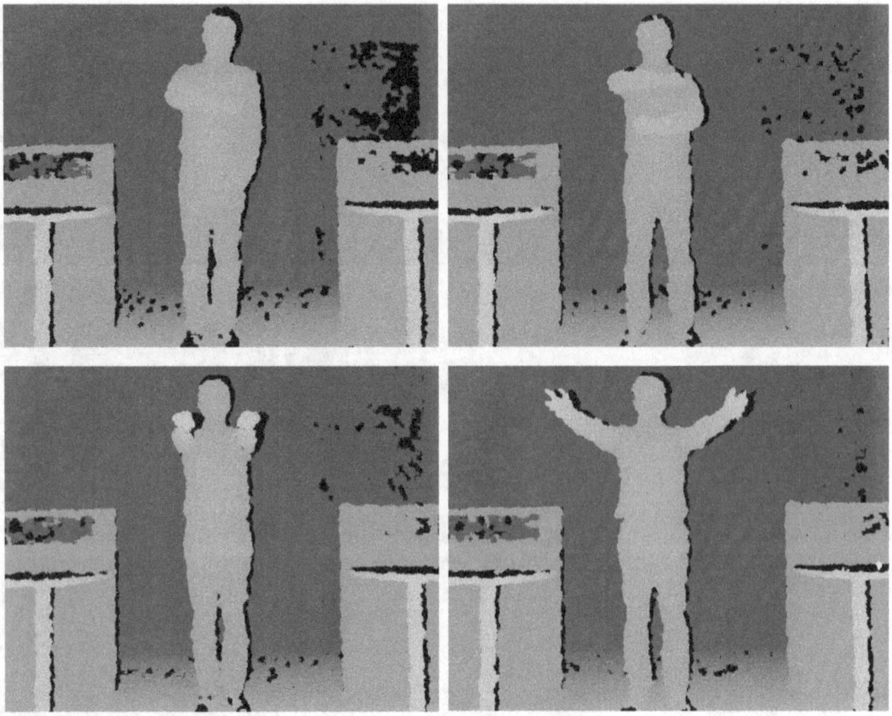

图 4-13 运动人体手臂重叠

（2）根据身体深度值的分布情况，搜索身体区域内与身体深度值相差较大的区域，则判定为手臂遮挡在身体前方，并保留这部分手臂的深度值。

（3）对保留部分的手臂及躯干进行形态学细化，最终得到较为完整的人体骨架。

4.3.3.1 确定身体区域范围

在前文中提到，身体与其他部位相比面积最大，同时宽度与长度都要多很多。在站立的状态下，人的身体区域可以被认为是一个近似的四边形，肩部关节则是这个四边形上边两侧的 2 个顶点，髋部关节是这个四边形下边的 2 个顶点，那么这里只要找到这 4 个顶点，便可以确定身体区域的范围。

因此，首先利用开运算和腐蚀对人体区域进行一定次数的腐蚀，同时不保留单像素的细线、较窄的腿部、头部以及未重叠的手部，这些部位都会被腐蚀掉，最终只保留了面积较大的身体部分，如图 4-14（b）所示。最后，再使用同样次数的膨胀方法，便恢复身体部分的区域，其他身体区域外的部位则被删除，如图 4-14（c）所示。

从图 4-14 中可以发现，由于手臂存在一部分与身体融合的情况，在最后的

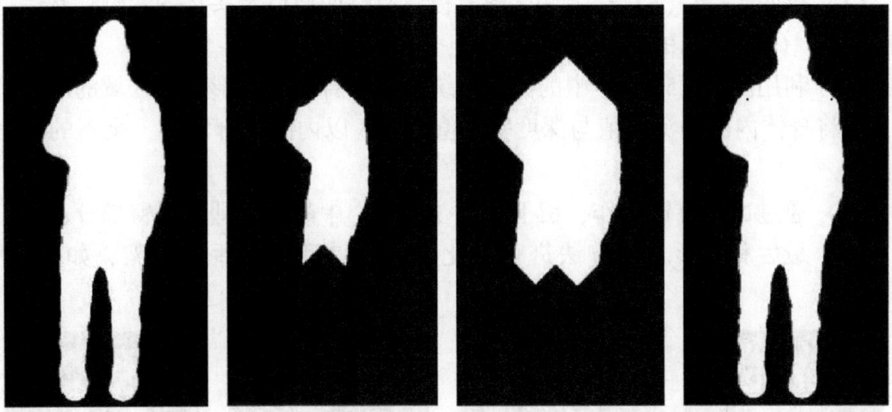

图 4-14 腐蚀与膨胀方法提取人体区域

膨胀结果中被保留下来，对身体区域范围造成一定的影响。因此，为解决这一问题，这里利用身体区域四边形不变的特性，统计身体所有区域的平均宽度 W；在统计过程中将宽度 W 过小和过大的值都排除，这样便可以大致确定肩部的宽度 W_{Shoulder}；同时根据人体实际比例与像素值之间的关系，设定（W+5）像素。如图 4-14（c）中身体区域显示，基于从上至下扫描原则，当连续行中的像素存在大于 W_{Shoulder} 的情况时，则认为是肩部的高度位置；同时使用四邻域模板进行腐蚀和膨胀，由于头部的影响，颈部会形成三角形状，根据最高尖角的位置关系，确定肩部的中点位置；将中点两边的位置各取 $W_{\text{Shoulder}}/2$，并确立两点肩部坐标，如图 4-14（d）所示。同样的方法也可以确定髋部两侧的左右髋部关节坐标。

4.3.3.2 人体深度值分布情况分析

在上节中已经确定了身体区域的 4 个顶点，因此只要能够确定可能存在的手臂重叠部分，便可以将手臂重叠部分提取出来。人体在现实中可以被抽象看作一个圆柱体，为确定人体深度值分布情况，本实验将身体的区域看似成一个平面；而根据手臂长度以及活动范围的约束，这里一般认为旗语挥动中手臂不会超过髋部以下。

4.3.3.3 利用形态学方法获取人体骨架

利用基于深度信息的形态学方法获取人体骨架的主要思想是：首先，细化提取的手臂区域，因为重叠手臂是单独提取的，因此受到身体区域细化较小；然后，将其与身体细化后的部分进行重叠组合；最后得到较为完整的人体骨架。

提取手臂骨架具体步骤如下：

（1）将图 4-14（c）作为深度图模板，忽略四肢以及头部的影响，然后得到如图 4-15（a）所示的身体部分深度图；

（2）利用图 4-15（a）中的深度值统计求得身体四边形内部区域的深度平均值，并将身体内部的深度值与深度平均值相差 3 以内的全部清零，余下的深度值保留；

（3）通过 5 次腐蚀操作，留下图 4-15（c）中的部分即是手臂部分；

（4）最后利用形态学方法进行细化操作，得到所有手臂骨架，如图 4-15（d）所示。

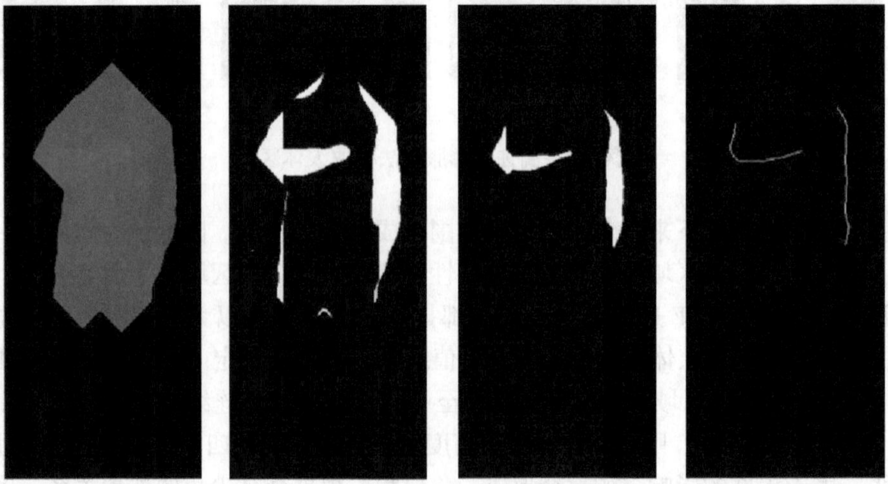

(a) (b) (c) (d)

图 4-15 切除身体部分，提取手臂骨架图

提取手臂骨架之后，将得到的手臂骨架与身体骨架重叠在一起，通过两者组合便得到全身的人体骨架。在提取身体骨架时，为提高准确率，本实验首先利用腐蚀膨胀操作以及滤波处理对深度获取的人体深度图进行降噪平滑处理，减少手臂以及噪点的影响；然后利用形态学细化处理身体部分，并得到身体骨架细化结果；最后组合身体与手臂骨架，得到全身的人体骨架。

身体骨架提取具体步骤如下：

（1）通过深度图的人体轮廓分割，得到人体轮廓图 4-16（a）；

（2）经过 3~4 次的腐蚀操作与相同次数的膨胀操作，对人体轮廓进行平滑处理，再利用 7×7 的中值滤波方法去噪，得到图 4-16（b）；

（3）利用形态学细化方法对图 4-16（b）中的人体进行细化处理，得到图 4-16（c）的身体骨架结果；

（4）将图 4-15（d）中的手臂、图 4-16（c）中的人体骨架以及图 4-16（b）的深度图组合得到人体骨架的深度图。

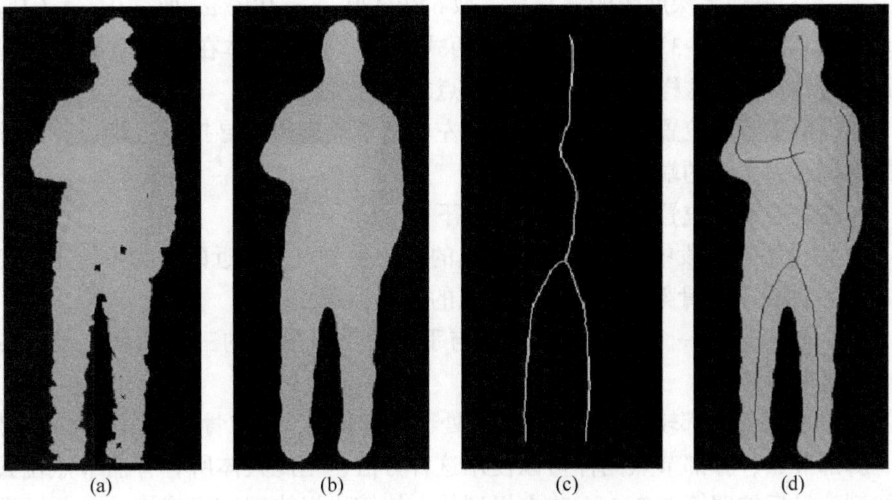

图 4-16 身体提取骨架结果图

4.3.4 基于深度的骨架结构优化

第 3 章中利用链码遍历骨架算法进行骨骼节点的提取，并且将获取的骨骼节点与端点连接便可以得到较为完整的人体运动信息。但在基于深度信息的人体姿态获取方法中，人体手臂和身体部分是分别提取的，因此链码遍历骨架算法不适用于基于深度信息的骨架节点提取。

在上述确定身体区域范围的过程中：（1）已经确定了两肩坐标，通过两肩之间连接中点，确定肩部中心；（2）头部坐标是颈部上的端点，根据头部坐标与肩部中心直线距离 L，取 $5/13L$ 为颈节点位置；（3）脚节点为最低端点，髋部中心点为两腿与身体连线交叉点，左右髋节点在髋部中心点两侧，并根据身体平均宽度的 $1/4W$ 来确定位置。

手部和肘部的位置关系是相关的，这里首先确定手部位置。手部位置通常在骨架中存在两个端点。在深度图中，首先要解决深度传感器到目标物体之间的距离。这里通过式（4-3）求出物体在深度图像中的实际距离：

$$d = K * \tan(H \times d_{raw} + L) - O \tag{4-3}$$

式中，d_{raw} 为深度值 10bit；H、L 为给定的弧度值，rad；H 为 3.5×10^{-4}rad；L 为 1.17rad；K、O 为给定的距离参数，K 为 12.46cm；O 为 3.6cm。同时，深度坐标（i，j）到实际坐标（x，y）的交换公式为：

$$\begin{cases} x = (i - w/2) \times (z + \mathrm{min}Distance) \times scaleFactor \times (w/h) \\ y = (j - h/2) \times (z + \mathrm{min}Distance) \times scaleFactor \\ z = d \end{cases} \tag{4-4}$$

式中，w、h 分别为深度图的宽与高，取 640×480；min*Distance* 取-10，*scaleFactor* 取 0.002，将式（4-3）和式（4-4）两式联立，获取人体在实际空间中的坐标位置（x，y，z），这样就可以计算出两点之间的实际距离。

在确定手节点位置时，可以通过从左右肩节点遍历处寻找最近端点，则该线段最近端点为手部的端点位置。

在确定肘节点位置时，具体步骤如下：

（1）设手臂线段中，离肩节点较远的点为手节点，较近的点为手臂上的点；

（2）计算手臂骨架线中所有坐标点的位置；

（3）随机选取一个点，计算该点与手、肩节点形成的三角面积，最大的那个点就是肘节点；

（4）如果面积都较小，则认为手臂处于伸直状态，选取骨架线中点为肘节点。

脚部节点、膝部节点同样可以使用这种方法，至此人体所有骨骼节点位置都已找到，最后按照第 3.3.1 小节中提到的人体结构规律用直线连接后，便可以得到完整的骨架图，如图 4-17 所示。

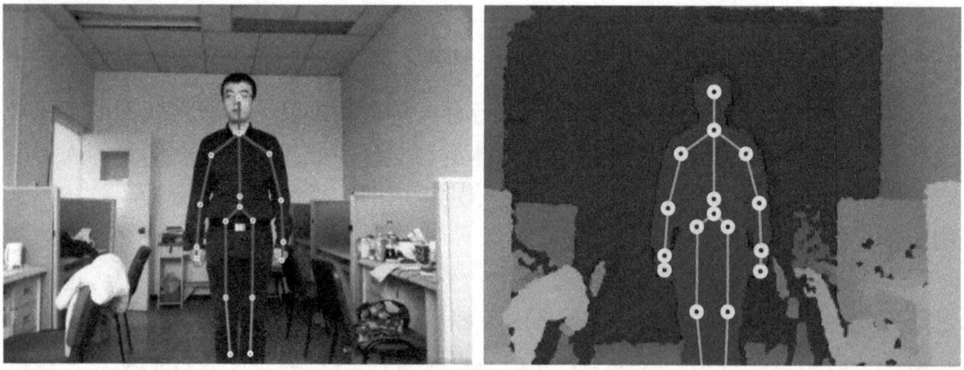

图 4-17 骨架获取最终效果图

4.4 结果分析

本节主要针对基于深度信息的人体骨架提取进行了研究并实现，其中包括获取深度图、基于深度信息的人体前景分割、人体骨架的提取以及关节点的确定，其主要流程如图 4-18 所示。

图 4-18 中主要包括两部分：（1）图像处理工作，这部分中完成深度图的获取，并将人体前景进行提取，这样便可以将复杂背景完全删除；（2）关节点定位，首先获取人体骨架，并在骨架上确定关节点位置。这里主要考虑的是手臂与身体存在遮挡重叠的方法研究。因此，关节点定位部分首先利用腐蚀和运算处理

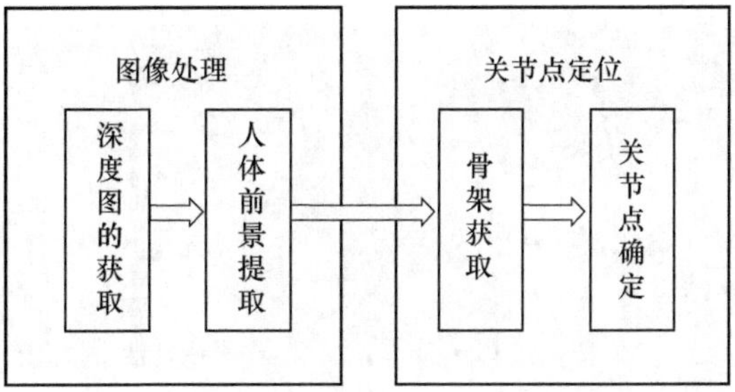

图 4-18 基于深度信息的人体骨架特征提取流程

图像噪声问题，并获取身体的骨架；之后去除身体部分，获取手臂的骨架；最后将两者的骨架组合得到较为完整的骨架，从而确定人体关节点的坐标。同时根据得到的关节点所在深度图中位置，获得关节点的深度值。

4.4.1 基于深度信息的人体与骨架的提取效果

在处理的 300 多张图像中，选取了无遮挡重叠、有遮挡重叠以及手臂贴在身体两侧的图像作为效果比对，并进行了关节点的处理（程序在 C#基于微软 KinectSDK 环境下开发，在 Intel E5400 的 CPU 以及 2G 内存的 PC 机上运行，以及获取深度图像的 Kinect)，效果图如图 4-19 所示。

从图 4-19 中可以看出，在无遮挡重叠、有遮挡重叠以及手臂贴在身体两侧时都能较好地定位出各个关节点的位置。根据查阅的相关文献，选取了一些情况较为相似的几篇的定位结果与本文进行比较，图 4-20 为相关文献效果图。

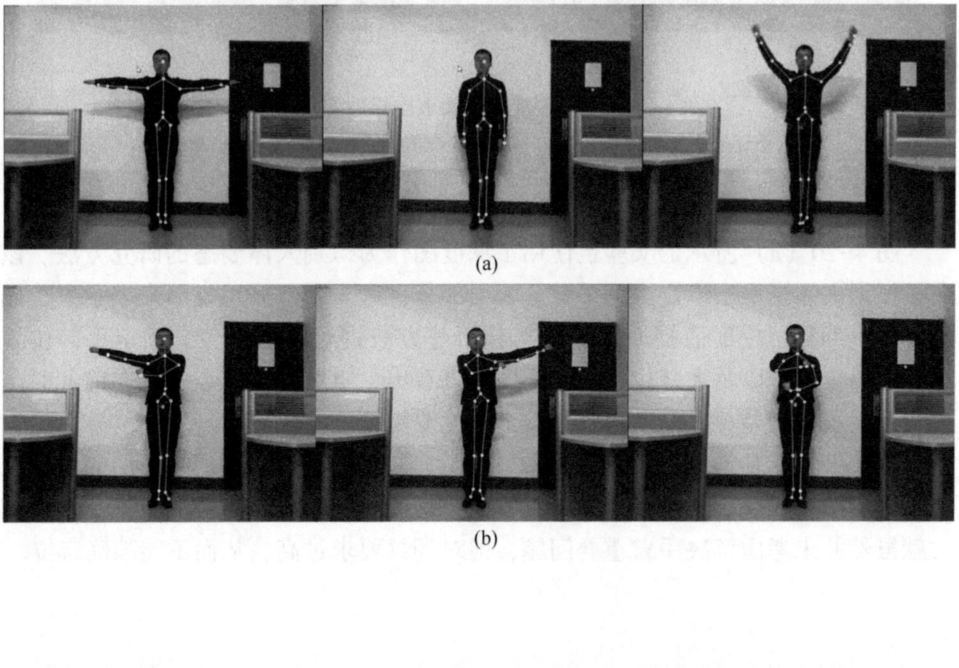

(a)

(b)

(c)

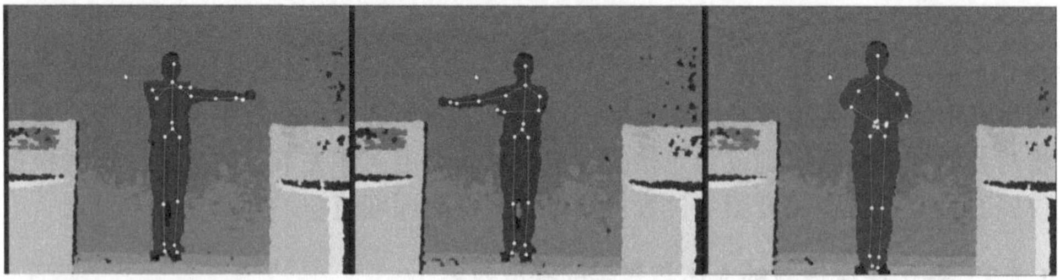

(d)

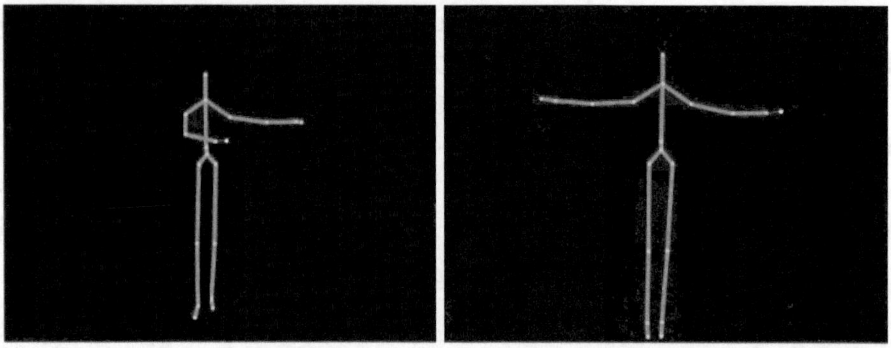

(e)

图 4-19 基于深度骨架关节点提取实验效果

（a）手臂未遮挡 RGB 图；（b）手臂遮挡 RGB 图；（c）手臂未遮挡深度图；
（d）手臂遮挡深度图；（e）光编码骨架提取效果图

图 4-20（a）所示的实验也使用了深度图作为识别人体姿态的研究方法。该文献根据人体模型，设定人的手臂分 3 个部分，这 3 个部分用矩形来表示。首先对人体手部利用深度值提取以及骨架分析等方法进行初始定位，确定手部位置后，再确定小臂以及大臂位置。从图中可以看出，矩形匹配会在手臂向前伸时出现较为明显的偏差，从而使得肘部关节的位置也随之发生变化。

图 4-20（b）所示的实验使用单目视觉方法，根据捕捉到的视频中的运动人体，利用距离变换公式拟合人体参数模型，最终找到人体上半身的骨架节点。该文献虽然并未考虑解决手臂重叠问题，但对场景要求过高，从而不能准确定位。

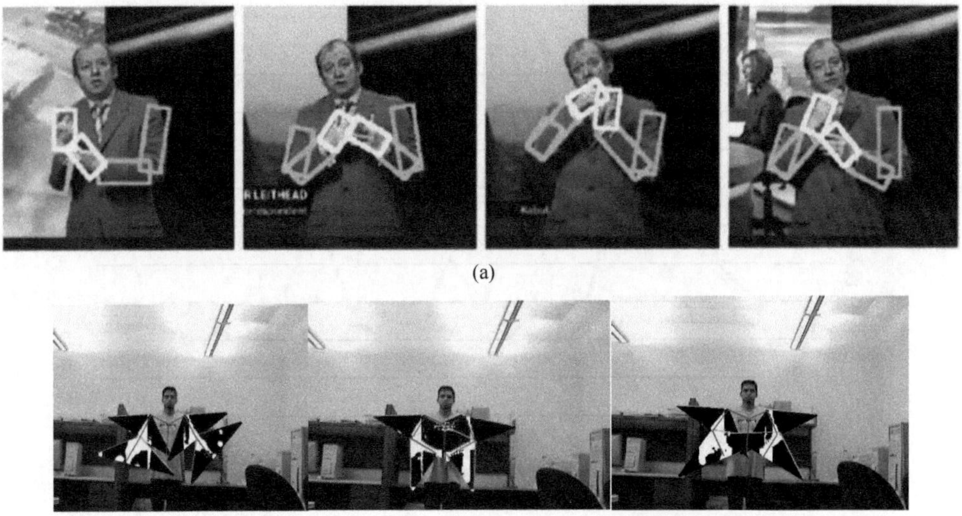

(a)

(b)

图 4-20 相似文献中的人体姿态识别效果

本书方法可以有效地解决手臂重叠等问题，而且对于复杂环境，光线强弱没有很高要求。通过与相关文献以及定位效果比较，比其他文献类似的方法在准确度方面具有一定优势。

4.4.2 基于深度信息的骨骼节点匹配效果分析

上文中提到，目前对于关节点定位的方式还没有一个统一的标准，在绝大多数文献中使用的都是人工标定的关节点在与计算机所标定的做比较。因此本文也使用这种方法。

在实验中，主要选取一组 20 帧的图像作为关节点定位分析，其中选取手部、肘部以及肩部进行定位实验。

（1）对事先人工标定好的坐标与计算机标定的坐标进行距离差的比较，得到如图 4-21（a）所示的手部误差图，如图 4-21（b）所示的肩部误差图，如图 4-21（c）所示的肘部误差图。从这 3 组图中可以看出，手部与肩部的平均误差在 5 个像素左右，而肘部定位误差在 6 个像素左右。肘部误差较大主要是由于人体动作的特殊性以及肩部颈部的定位在一定程度上影响到了长度上的差异。

（2）针对身体与传感器角度和关节点定位进行实验比较，从图 4-22 中可以看出当身体与传感器空间角度发生变化时，关节点的丢失率也随之增大。

由以上分析可以看出，本章所使用的基于深度信息的骨骼提取方法效果明显，在长时间的测试中系统整体稳定，系统提取骨骼节点实时性和准确性较高，为后续识别工作打下坚实基础。

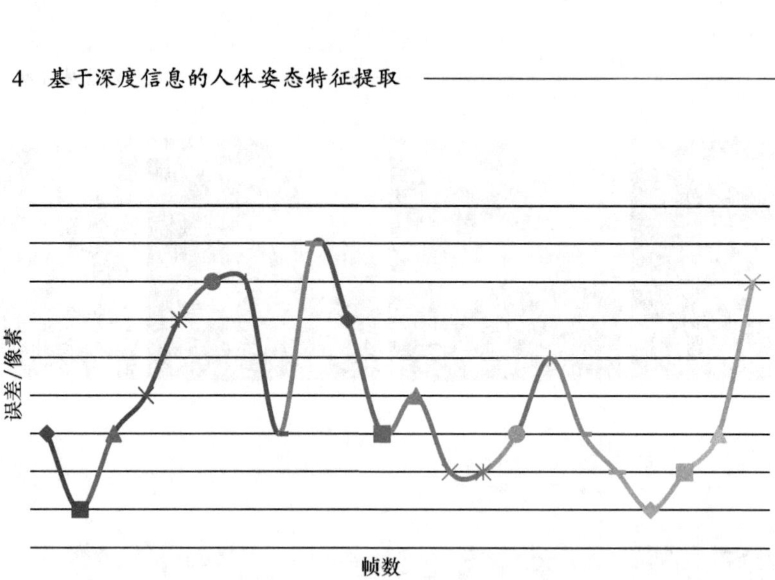

(a)

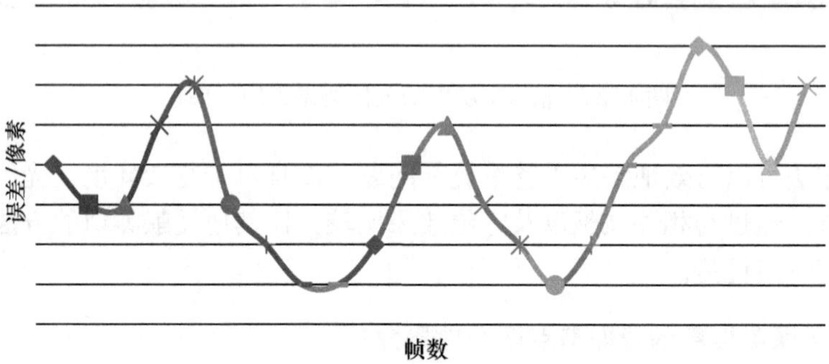

(b)

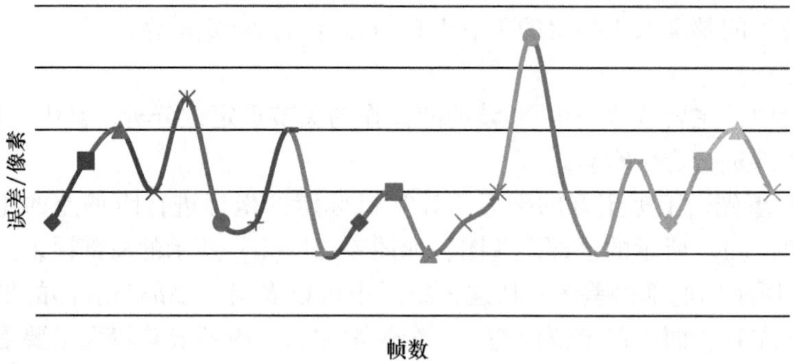

(c)

图 4-21　各个关节点定位误差图

（a）手部定位误差图；（b）肩部定位误差图；（c）肘部定位误差图

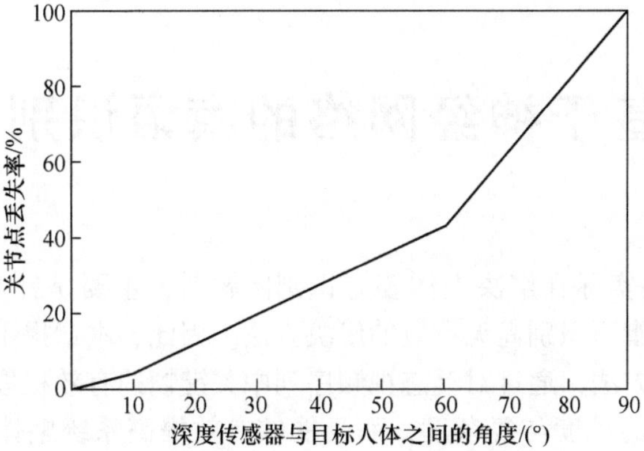

图 4-22　深度传感器与目标人体角度关系图

4.5 小　结

本章提出了一种基于深度信息的人体姿态特征提取方法：

(1) 利用结构光理论提取深度图像中的人体区域，对深度图像中的人体区域进行了背景分割和骨架提取；

(2) 为解决实际问题中的身体手臂重叠问题，优化了基于深度信息的骨架提取方法，提高了关节点选取的准确性，使得系统的鲁棒性得到了提高；

(3) 通过实验验证了方法的有效性，该方法较好地克服了复杂背景环境与手臂动作重叠遮挡造成的不利影响。

5　基于神经网络的旗语识别研究

BP神经网络实际在解决人体姿态识别问题时，主要是针对静态旗语识别，对于复杂的动态旗语识别尚无有效的解决方法。因此，本章提出一种基于关键帧的动态旗语识别方法，通过对动态视频序列中关键帧的有效提取，不仅大大减少了连续动作识别的难度与复杂度，而且能够有效提高系统整体效率，简化计算量。为进一步优化输入特征向量，本章建立一种基于9-DOF人体模型选取人体特征参数作为输入特征向量，旗语动作通过深度传感器传入计算机，并由相应的识别算法处理得到最终的旗语类别。最后，通过对网络结构优化，本章实现了基于深度信息的旗语识别，在静态识别的基础上实现了动态旗语识别，并在自建的旗语数据库上验证了本章改进工作的有效性。

5.1　基于空间位置的旗语识别方法

5.1.1　手臂位置的检测

手臂位置检测的主要思想是对于某种旗语动作，指挥者手臂具有相对应的空间姿态，因此通过空间位置关系来构成相对应的有效信息。而在以往的旗语系统研究中，通常使用肩部节点、肘部节点、手部节点等3部分的特征来定义语义，特定的旗语语义是通过臂部动作自由移动特定位置。因而手臂姿态由肩部节点、肘部节点、手部节点3部分的姿态所决定。所以可认为特定的手臂模式由3个基本分量组成：肩部模式、肘部模式、手部模式，如图5-1所示。

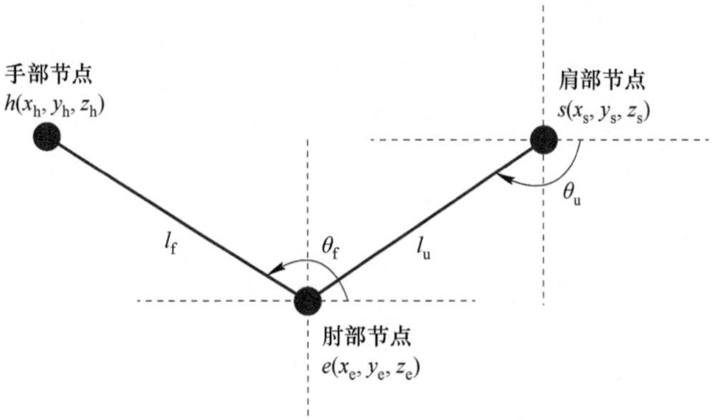

图5-1　手臂位置坐标参数

因此手臂的 3 个分量组成了完整的手臂模式空间，进而可将该空间中的特定样本点也即某种手臂姿态映射为实际的有意义的旗语动作。

手臂位置检测的思想是一种基于角度坐标系的方法，如图 5-1 所示，肩部和肘部的骨骼节点由一个三维坐标系的参数所表示。这里小臂长度为 l_u，大臂长度为 l_f，其长度值可通过式（5-1）和式（5-2）计算得到：

$$l_u = \sqrt{(x_e - x_s)^2 + (y_e - y_s)^2 + (z_e - z_s)^2} \tag{5-1}$$

$$l_f = \sqrt{(x_h - x_e)^2 + (y_h - y_e)^2 + (z_h - z_e)^2} \tag{5-2}$$

此外，通过肩部角度和肘部角度可以确定肘部和手部的坐标点，因此一个旗语动作的双臂长度和角度可以确定一个动作。

为解决臂部进行检测问题，本章采用某一动作结束时的静态动作来进行检测，这个静态的动作表示了某一旗语语义。但在实际过程中，旗语语义取决于动作之间的间隔和臂部移动的速度，如果手臂移动速度慢于设定的实际阈值，则在移动过程中，手臂也可能被用来辨别其他旗语语义。

5.1.2 基于空间位置旗语的识别方法

基于空间位置的旗语识别方法的主要思想是旗语动作的辨别区域是由空间中的两个判别窗口组合而成的，如图 5-2 所示。判别窗口区域都是由式（5-3）和式（5-4）定义的。式（5-3）是肘部坐标点窗口，式（5-4）是手部坐标点窗口。

$$\begin{cases} |x_e - (x_s + l_u \cos\theta_u^k)| \leqslant \dfrac{\alpha_e}{2} \\ |y_e - (x_s + l_u \sin\theta_u^k)| \leqslant \dfrac{\beta_e}{2} \end{cases} \tag{5-3}$$

$$\begin{cases} |x_h - (x_e + l_f \cos\theta_f^k)| \leqslant \dfrac{\alpha_h}{2} \\ |y_h - (x_e + l_f \sin\theta_f^k)| \leqslant \dfrac{\beta_h}{2} \end{cases} \tag{5-4}$$

图 5-2 中 α 是常量，β 是测试信号的边缘值。而大臂的角度值为 θ_u^3，小臂的角度值为 θ_f^3。通过 θ_u^3 和 θ_f^3 来确定两臂特定角度位置，当肘部坐标的检测图形（x_e，y_e）和手部坐标（x_h，y_h）满足式（5-3）和式（5-4），那么检测到的旗语动作就可以被识别为某一旗语语义。

旗语语义识别是通过对已检测到的旗语动作序列模式和已定义的旗语语义模式进行比较，当已检测的旗语动作是已定义的旗语语义模式中的某一种模式时，则进行识别判断。

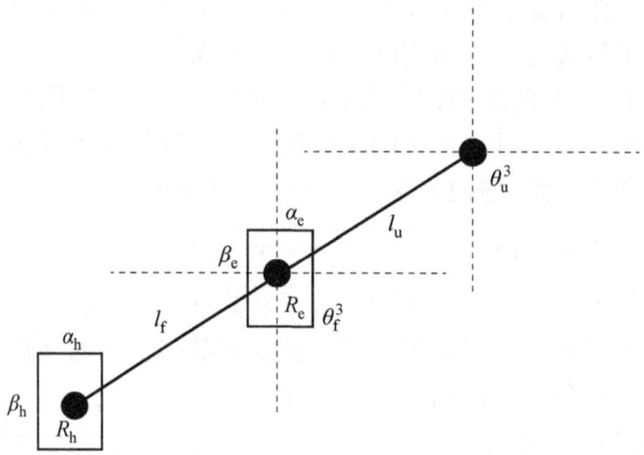

图 5-2 手臂位置坐标参数及旗语判别窗口

5.2 基于深度信息的人体模型建立

5.2.1 旗语手臂运动约束

手臂运动节点受到约束，主要是为了避免一些不切实际的运动对识别结果造成影响。因此在建立模型中，针对每个所用到的关节点进行约束分析，并明确约束要求。其约束原则主要有以下几点：

（1）约束避免不合理的动作产生。

（2）简化手势姿态的模型空间，减少不必要的数据跟踪。

（3）对于建立的模型必须符合旗语运动的逻辑规律，避免产生无效人体模型。

（4）约束条件尽量避免过于复杂，优化约束条件带来计算量，减少计算时间。

本章根据运动类型对约束有以下分类：肘部关节运动约束和肩部关节运动约束（见表 5-1）。如肘部的关节运动仅能弯曲或伸直并向同一方向运动，当手臂水平时为 0°，肘关节向内弯曲角度时为 135°，因为受到肘部桡尺联合关节的限制，无法弯曲大于手臂极限伸直时的角度。虽然肘部关节可以配合屈伸运动进行垂直旋转运动，但由于不影响本章识别结果不予检测。

表 5-1 关节点活动范围

关节点	最大活动范围	最小活动范围
肘关节点	135°～150°（屈伸）	0°～-10°（过度伸直）

续表 5-1

关节点	最大活动范围	最小活动范围
肩关节定	150°~170°（前屈上举） 160°~180°（外展上举） 60°~80°（水平位外旋）	40°~45°（后伸） 20°~40°（内收） 70°~90°（水平位内旋）

5.2.2 9-DOF 人体骨架模型建立

9-DOF（Degree of Freedom）人体模型是指手臂运动中具有运动自由度的9个角度特征向量。人体模型属于高维度数据，存在大量冗余数据，因此需要对特征提取的高维数据进行简化描述。手臂的部分运动是由该部分围绕着关节点旋转进行的运动，旗语的手臂运动就可以用关节点的旋转角度来描述。如图 5-3 所示，根据旗语关节点运动特点的分析，对每一个参与旗语运动的关节点定义了专属坐标系。

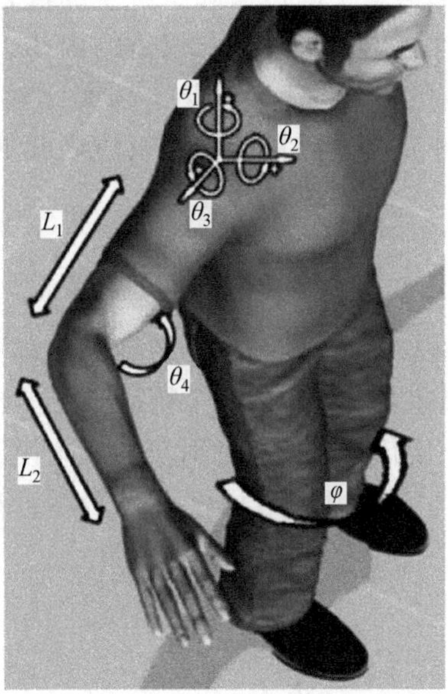

图 5-3 9-DOF 自由度

本章定义自由度为人体的运动自由度，即确定一个物体空间位置所需的独立坐标的数目。DOF 与物体自身受到的限制和约束有关，物体受到的限制越多，自由度就越小。旗语运动的关节根据运动旋转特征可以分为以下几类：方向旋转类、弯曲类和全向类。方向旋转运动的关节仅有 1 个 DOF，如脊柱 φ。弯曲运动的关节也仅有 1 个 DOF，如肘关节 θ_4。全向运动的关节有 3 个 DOF，如肩关节有 θ_1，θ_2，θ_3 3 个 DOF。每一个手臂（肘关节和肩关节）有 4 个 DOF。

由于旗语动作主要由上肢动作姿态所表示，因此利用两臂的特征向量与判别面的法向量进行方向判别，如果双臂特征向量与判别面的法向量在同一方向，θ 则大于 0，否则小于 0。其旗语姿态特征向量角度计算如下：

$$\theta = \langle A,\ B \rangle = \arccos\left(\frac{A \cdot B}{|A||B|}\right),\ [\theta_{\max},\ \theta_{\min}] \tag{5-5}$$

$\theta_{\max}$，$\theta_{\min}$的范围根据表 5-1 中关节点的活动范围来取值，因此可由式（5-5）来最终判断手臂位置位于判别面的哪一个位置。

5.3 基于 BP 神经网络的旗语识别方法

BP 神经网络可以看成是使用梯度下降法来学习的多层感知机。BP 神经网络拓扑结构包括 3 层：输入层、一个或多个隐含层及一个输出层组成的。学习过程主要有两部分，包括信息正向传播和所产生的误差再反向传播。首先初始各层连接的权值，然后计算出输入向量与权值的内积，经过一个传输函数极端得到输出向量，并且逐层前向传播。接着比较实际输出与期望输出之间的误差，再反向传播，通过计算误差向量与各层权值之间的内积，并以此修正各层的权值。

5.3.1 神经元

对于 BP 神经网络来说，它的最基本的组成单位就是 BP 神经元，其结构见图 5-4。它具有转移、求和以及加权等 3 个特征，在图 5-4 中 x_1，…，x_n 表示的是输入，并且都是由前一层传过来的，而对于输入来说，它对神经元的权值是图中的直线，阈值则使用 b，其激活函数用 $f(\cdot)$ 表示，对于神经元来说，它的输出分量是 y。

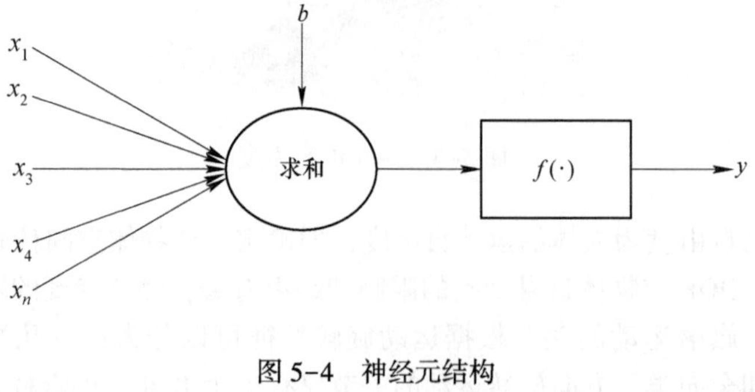

图 5-4 神经元结构

对于某一个 j 单元来说，其净激活用 net_j 来表示，而其对应的输入则是 x_i，输入的权重用 w_{ij}来表示，其具体的净激活如式（5-6）所示：

$$net_j = \sum_{i=1}^{n} x_i w_{ij} + b \tag{5-6}$$

在式（5-6）中，如果用 $x_0 = 0$，$w_0 = b$ 来代替 b，则式（5-6）可以变化为式（5-7）形式：

$$net_j = \sum_{i=0}^{n} x_i w_{ij} \tag{5-7}$$

对于所有的神经元来说，它们都对应一个输出量，神经元通过激活函数被激活之后所得的值就是这个输出量，用式（5-8）表示：

$$y_j = f(net_j) \tag{5-8}$$

对于输出来说，它仅仅具有非激活和激活状态，表示为式（5-9）：

$$f(net) = \begin{cases} 1 & net \geqslant 0 \\ 0 & net < 0 \end{cases} \tag{5-9}$$

使用最广泛的就是 sigmoid 激活函数，它是非线性的，表达式为式（5-10）：

$$y = f(x) = \frac{1}{1 + e^{-x}} \tag{5-10}$$

对其进行求导，可得表达式为式（5-11）：

$$\frac{dy}{dx} = y(1 - y) \tag{5-11}$$

sigmoid 对应的曲线见图 5-5。

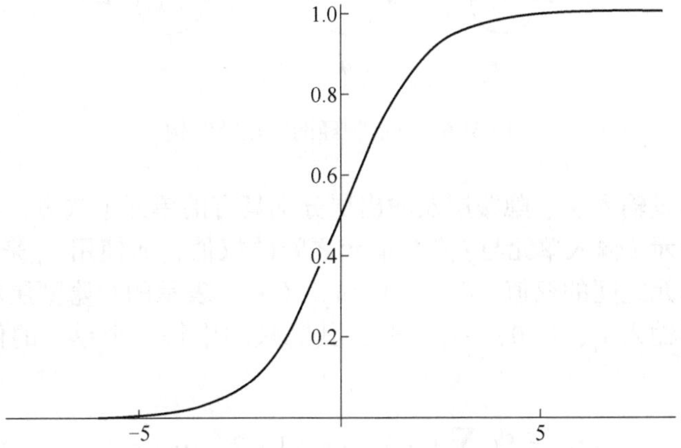

图 5-5 sigmoid 函数曲线图

根据图 5-5，所使用的函数 sigmoid 的作用是把所有的实数都映射到 0～1，并且它是单调递增的，这个性质和双正切函数 tanh 是一样的。

5.3.2 BP 网络算法原理

对于多层的前反馈网络来说，在它的隐藏层中存在着许多的神经元，在对其权重进行学习时，使用 BP 算法是非常有效的。

5.3.2.1 正向传播

为了说明问题，以图 5-6 所示的三层神经网络为例子，其结构的组成是输入层、隐藏层和输出层。所要传播的数据先进入输入层，之后再进入隐藏层，接着进入输出层，最后获得输出的结果，这个传播方向就是正向传播。对于每一层的神经元状态来说，它所能影响的都是下一层的神经元，在实验结果和预期结果出现差异的时候，传播方向反向，变为误差反向传播。在训练和学习 BP 神经网络的时候，其主要的过程就是正反传播的交替，一直使最后的结果符合要求。

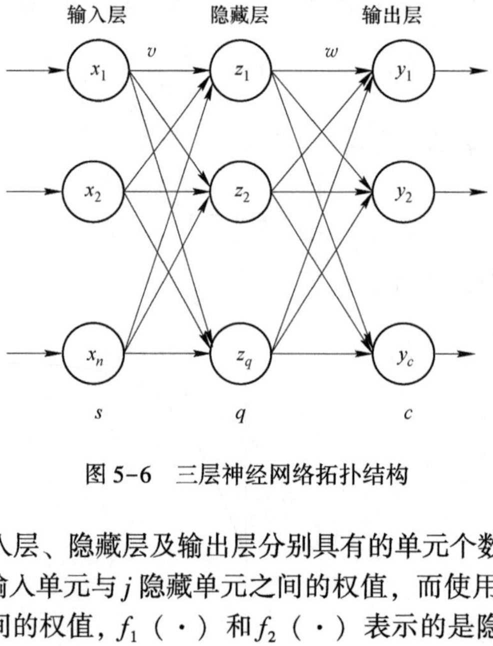

图 5-6 三层神经网络拓扑结构

首先要假设输入层、隐藏层及输出层分别具有的单元个数为 s、q 和 c 个，并且使用 v_{ji} 来表示 i 输入单元与 j 隐藏单元之间的权值，而使用 w_{kj} 来表示 j 隐藏单元和 k 输出单元之间的权值，f_1（·）和 f_2（·）表示的是隐藏层和输出层中的激活函数，当输入 x_i，$i=0$，…，s 时，其隐藏层中每一个单元的值都会变成如下形式：

$$z_k = f_1\left(\sum_{i=0}^{s} v_{ji}x_i\right) \quad (j=1,\ 2,\ \cdots,\ q) \tag{5-12}$$

而对于输出层来说，它的单元值变为：

$$y_j = f_2(\sum_{j=0}^{q} w_{kj} z_k) \quad (k = 1, 2, \cdots, c) \tag{5-13}$$

根据式（5-12）和式（5-13）可以计算出BP网络的一个近似的输出值，其操作过程和映射函数的过程相似，就是对 s 维空间进行映射，使其成为 c 维空间。

5.3.2.2 反向传播

在结束了前向网络之后，在衡量网络时，为了对网络的状态进行描述，需要进行定义：在把误差传给了前一层之后，网络根据情况对自己的权值进行更新，这个过程就是反向传播。如果 $\{x^1, x^2, \cdots, x^N\}$ 表示训练样本集，对于 x^n 样本来说，在计算了神经网络之后，就可以得到实际的输出 $y_k^n(k=1, 2, \cdots, c)$，实际值与期望值之间的差就是误差函数，对于第 n 个样本来说，它的误差如式（5-14）所示：

$$E^n = \frac{1}{2}\sum_{k=1}^{c}(t_k^n - y_k^n)^2 \tag{5-14}$$

式（5-14）中，对于 n 样本的第 k 维期望输出来说，其值是用 t_k^n 表示的，而计算 N 个样本的全局误差时，它所使用的公式如下：

$$E = \frac{1}{2}\sum_{n=1}^{N}\sum_{k=1}^{c}(t_k^n - y_k^n)^2 \tag{5-15}$$

在对反向传播的算法来说，它计算的基础就是梯度下降，计算全局误差的作用是能够使单元的权重按照误差不断减小的方向进行调整，其中间的隐藏层是用 l 表示，而输出层则是用 L 表示，对隐藏层的表示如下：

$$x^l = f(u^l)\text{，其中 } u^l = W^l x^{l-1} + b^l \tag{5-16}$$

对所用权重来说，之所以以梯度算法为基础，主要是因为此法能够得出误差的偏导数，其表达式是 $\frac{\partial E}{\partial b}$ 和 $\frac{\partial E}{\partial w^l}$。对全局误差来说，它的敏感度是 δ，有如下关系：

$$\frac{\partial E}{\partial b} = \frac{\partial E}{\partial u}\frac{\partial u}{\partial b} = \delta \tag{5-17}$$

在此模型中，$\frac{\partial u}{\partial b} = 1$，所以，偏置项的敏感度与对应这个单元所有输入的敏感度等同；对于 b 来说，它本身就是输入单元，不过由于隐藏层不存在直接误差函数的缘故，在进行计算时必须使用间接法。为了把误差敏感度由输出层进行回传处理，可以使用式（5-18）表示：

$$\boldsymbol{\delta}^l = (\boldsymbol{W}^{l+1})^{\mathrm{T}}\boldsymbol{\delta}^{l+1} \circ f'(u^l) \tag{5-18}$$

在式（5-18）中，“∘”是在对元素进行逐个相乘操作，按照损失函数，对输出层 L 计算其敏感度，见式（5-19）：

$$\boldsymbol{\delta}^L = f'(u^L) \circ (y^p - t^p) \tag{5-19}$$

对神经元的输入与其对应的三角阵的积来说，可以使用对神经元进行更新时的原则进行表示，同时也可以使用输入和敏感度的外积进行表示：

$$\frac{\partial E}{\partial W^l} = x^{l-1}(\boldsymbol{\delta}^l)^{\mathrm{T}} \tag{5-20}$$

$$\Delta W^l = -\eta \frac{\partial E}{\partial W^l} \tag{5-21}$$

对式（5-21）中的 η 来说，它一般是数值较小的常数，并且会由于权重的不同而选择不同的值。

5.4 基于 BP 神经网络的旗语识别系统的实现

5.4.1 基于关键帧的旗语动作提取原理与方法

关键帧提取的主要思想是从原始视频中提取少量帧数来反映整个视频的主要内容。同时，关键帧也是压缩视频存储、减少计算量最直接的方法。因此关键帧提取对于基于视觉识别系统是极为关键的技术之一，不仅能够有效减少识别系统检索的人体姿态的特征匹配时间，而且还能大大提高系统实时性。如何定义关键帧主要有以下 3 点：

（1）关键帧对视频内容表达完整，能够抽象表示原始视频序列；

（2）不能存在漏检或误检；

（3）选取关键帧数尽量少。

5.4.1.1 关键帧距离相似度匹配方法

上文中，为提高特征表示方法，简化人体姿态描述，本节将人体姿态用 9 个角度向量 $\boldsymbol{F}=(\theta_1,\cdots,\theta_8,\varphi)$ 来表示。因此，本节将具有 $\boldsymbol{F}=(\theta_1,\cdots,\theta_8,\varphi)$ 的每一帧都看成 9-DOF 夹角空间中的一点，并将这些点的连续序列形成夹角空间中的曲线。即对旗语运动关键帧的提取转变为了曲线线性变化问题。对于这类问题，Zhao 提出一种曲线分裂算法，如图 5-7 所示，通过检测曲线中的近似逼近的曲线“尖角”，定义“尖角”作为关键帧；并利用曲线线性性质，算法递归进行。

为计算相邻两帧之间的相似度，此处采用欧氏距离公式来计算两帧之间的距离，公式定义为：

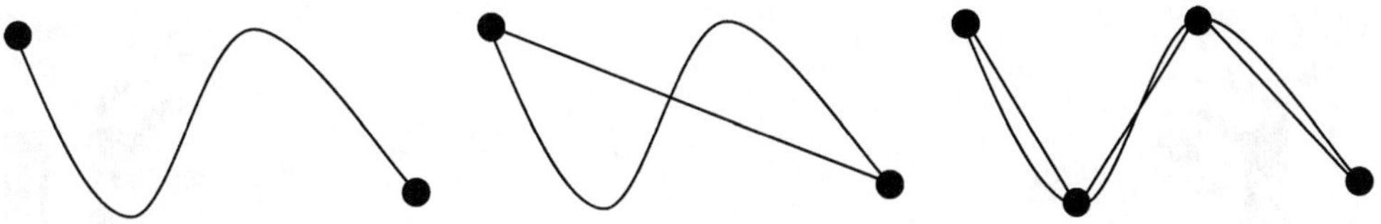

图 5-7 曲线分裂算法

$$D(t_1,\ t_2)=\sum_{i=1}^{n} d(\theta_i(t_1),\ \theta_i(t_2)) \tag{5-22}$$

式中，t_1、t_2 分别为不同时刻的两个连续帧；i 为其中人体骨架节点；n 为人体骨架节点总数；$d(\theta_i(t_1),\ \theta_i(t_2))$ 根据式（5-5）求得。同时，考虑旗语运动中骨架关节点重要性不同，则将式（5-22）定义为：

$$D(t_1,\ t_2)=\sum_{i=1}^{n} \omega_i d(\theta_i(t_1),\ \theta_i(t_2)) \tag{5-23}$$

式中，ω_i 为骨架关节点 i 的加权系数。

根据上述关键帧提取原理，本节提出一种基于关键帧的旗语动作提取算法，设动态数组 KeyArray 来存储已提取的关键帧，当前找到的关键帧表示为 last，初始值设为 last=1，总帧数表示为 T，阈值表示为 ε，其流程如下：

（1）将初始帧作为关键帧存入 KeyArray，并设循环变量 $t=2$。

（2）当 $t>T$ 时，算法结束；否则根据式（5-23）计算欧氏距离 dist=D（t, last）。

（3）当 dist>ε 时，将第 t 帧作为关键帧存入 KeyArray，且 last=t。

（4）$t=t+1$，返回（2）。

5.4.1.2 动态旗语关键帧匹配方法

通过关键旗语动作提取方法处理，一般 30 帧左右的动作序列减少为只包含 2 个静态旗语特征向量的关键动作组合序列。如图 5-8 所示，该动态动作中，决定旗语语义的是由 2 个关键帧的动作的静态序列组成，分别为双臂竖直高举向左与双臂竖直高举向右，视频中若检测到该动作的两个关键帧在 6 帧以内同时出现，则判定该动作为该动态旗语动作。

5.4.2 BP 神经网络输入特征的构建

5.4.2.1 静态旗语特征向量计算流程

本节旗语识别的过程，主要对单个静态动作的判断，通过采集左右两肢的三维坐标来表示输入向量。因此根据人体旗语运动特性，建立 9-DOF 人体模型。决定旗语运动姿态的身体关节主要有肩关节、肘关节以及腕关节。以左臂为例，

图 5-8 动态旗语动作图像序列

如图 5-9 所示，肘关节矢量由肘部与肩部所对应的 yz 平面夹角可以求得，如果小于 0 则转化成［0°，360°］范围内，然后归一化，值域为［0，1］。同理可以求得 xy，xz 面的夹角，这样就可以固定住手臂的位置。虽然手臂位置在理论上会有一个圆形分布，但人的手臂旋转是有限的，所以基本可以表示为固定位置。

然后再求腕部-肘部，肘部-肩部这两个线组成的夹角。这样就可以得到左右手臂 9 个数据，从而作为神经网络的输入向量。

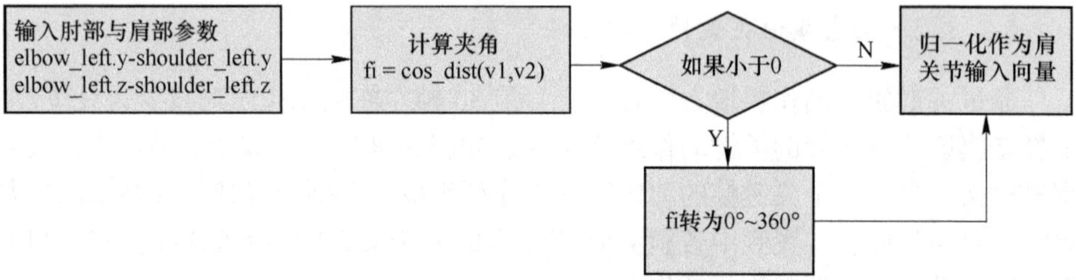

图 5-9 手臂特征向量计算流程

5.4.2.2 旗语动作判断模块

本书中旗语的判断主要利用不同旗语在空间位置中的角度与位置之间的特殊关系，任意旗语动作通过神经网络训练的模型可得到一个可信值，大于一定范围则认为是动作，否则认为是误判。如图 5-10 所示，系统对于一个认可的旗语动作，将它加入curform表示为当前动作，则前一个动作由preform表示。如果preform为空，那么preform = curform，然后识别下一个静态动作。如果preform不为空，则判断是否preform = curform，并计数器加1，否则preform = curform。然后将curform加入到下一帧序列中。然后调用序列动作的判定：如果计数器大于一定的阈值，比如2，意思就是动作停留2帧，那么便可以判定此动作为静态旗语动作。

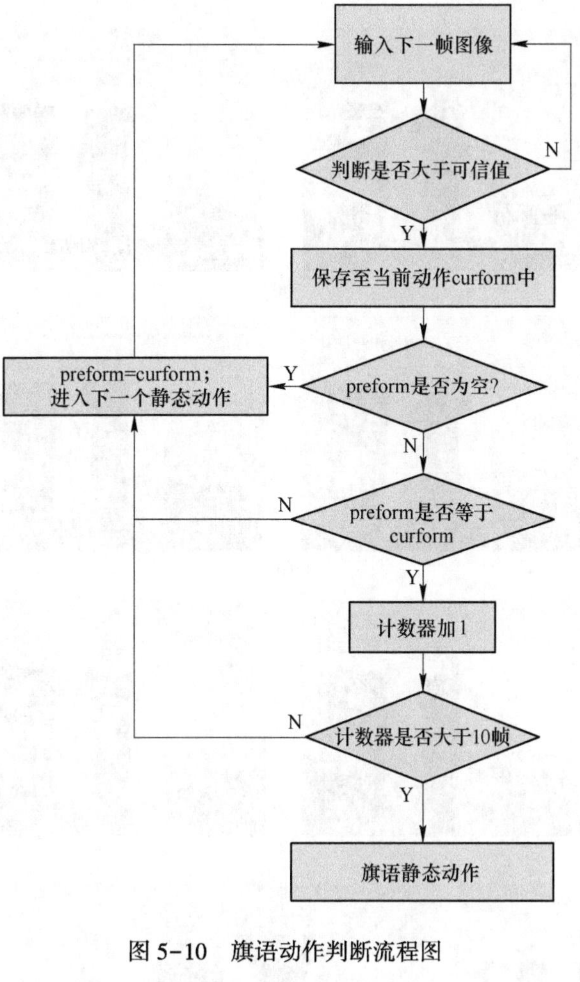

图5-10 旗语动作判断流程图

5.4.3 旗语样本库的建立

本节使用了16种旗语动作，这16种旗语样本是由23个动作所组成的，其中动态旗语动作有5个，部分动作如图5-11所示。

静态旗语在时间与空间中往往是相对静止的，动态旗语动作则相反。如图

5-11所示，A 动作要求双手自然落下在身体两侧，前后摆动；B 动作要求两大臂垂直于胸前，肘部垂直前后运动；C 动作要求双臂垂直于胸前，上下摆动；因此动态旗语动作大大加大了训练与识别的难度。

为有效解决这一问题，考虑将动态的旗语动作看作两个或两个以上的静态旗语动作，这样不仅有效地解决了动态旗语动作识别难的问题，而且更有效地减少了计算机的运算量。

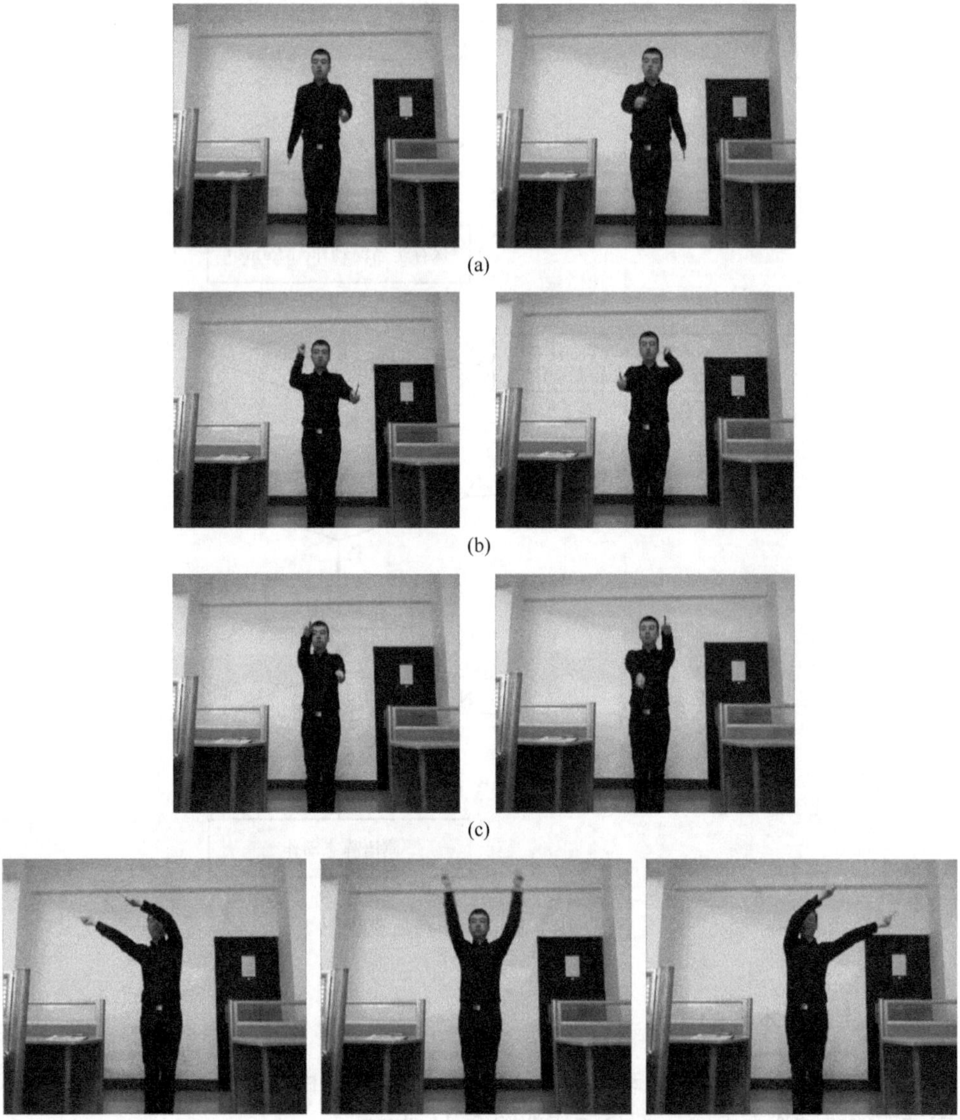

(a) (b) (c) (d)

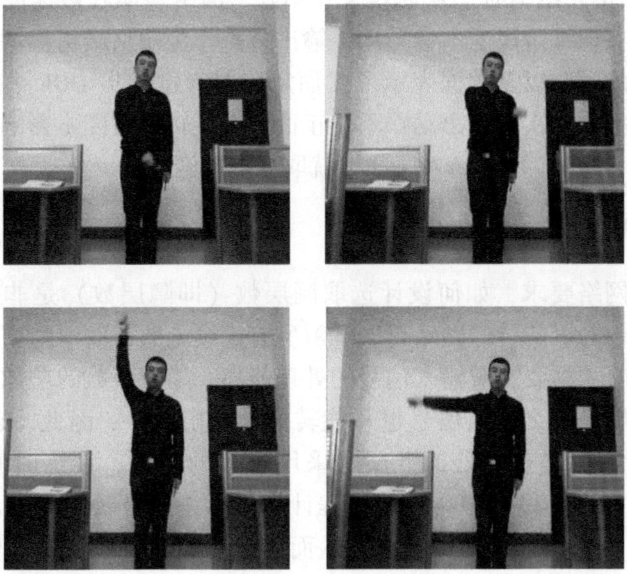

(e)

图 5-11 旗语库中部分动态旗语关键帧

(a) A 动作；(b) B 动作；(c) C 动作；(d) D 动作；(e) E 动作

同时在训练过程中，考虑到每个人的身高、动作速度以及手势幅度不同，即使是同一测试者动作姿态也会不同，因此每类旗语由 5 名不同身高与性别的测试者完成共 60 个训练样本，16 类旗语共 960 个训练样本。同样，每类旗语 30 个测试样本，共 480 个测试样本。

5.5 BP 网络的结构设计优化

5.5.1 输入与输出层设计

BP 神经网络的输入与输出层的维数是根据实际使用要求来设计的，对于本章分类用的网络，旗语类别数为 m 个，那么输出层就取 m 个单元数，样本集中的 X_1^p 属于第 j 类，其输出为：

$$\boldsymbol{Y} = (0,\ 0,\ 0,\ \overset{j}{1},\ 0,\ 0,\ 0,\ \overset{m}{0})^{\mathrm{T}}$$

其中，第 j 类的输出为 1，其他的则为 0，因此对于 n 维的输入，$\boldsymbol{X} \in \boldsymbol{R}^n \rightarrow \boldsymbol{Y} \in \boldsymbol{R}^m$。

本章根据实际使用要求来设计 BP 神经网络的输入、输出层的维数。对于本系统来说 BP 神经网络主要用于分类，其中静态旗语类别数为 23 个，但实验初期使用23个输出单元结构时，发现效果并不好，网络整体收敛速度慢，边缘划分不明显，因此在训练阶段的本章采用1输出节点作为输出结构；输入层神经元一般根据所解决的问题以及数据表示形式而定。本章建立9-DOF模型作为输入向量，在这里根据前文实验旗语动作不受正面方向旋转的角度 φ 影响，本章不予考虑（设为一般常量），那么输入层这里就取8个神经元。

5.5.2 隐层设计

根据实际网络要求，如何设计选取网层数（即隐层数）是非常重要的。根据理论分析，单隐层的神经网络可以学习所有连续函数，而双隐层的网络只有学习不连续函数时才需要，对输入信号的处理能力，随着层数的增加而增加。如果隐层单元数足够，那么输入信号也总能转换为输出信号。因此，还没有理论证明采用两层的隐层是有益处的。反之采用过多的隐层，训练时间就会大大增加。这会导致在训练过程中，反传过程计算复杂，使得时间和局部最小误差增加，网络训练容易陷入局部最小误差从而无法解脱，权重难以调整到设定的最小误差。

因此，本章使用的隐层是用一层来进行的，Robert验证了对于任何在闭区间的连续函数，都可以由具有一层隐层的网络任意逼近。因此，三层的神经网络可以完成任何 n 维到 m 维的映射。

对于隐层神经元的选择则是一个复杂的问题，Eberhart在书中称“这是一门艺术”，因为没有特定的解析式可以用来很好地表示。并且隐层单元数与输入、输出层的数量有直接的关系。

如果隐层单元选取少了，网络则可能达不到预想的训练效果，或者训练后的网络较弱，不能识别未知样本；如果隐层单元选取多了，则网络学习时间又会过长，误差也达不到最佳效果，因此按照问题的不同一定存在一个最佳数量的隐层单元。对于分类的神经网络，有如下公式可供参考：

$$k < \sum_{i=0}^{n} C\binom{n_1}{i} \tag{5-24}$$

式中，k 为样本数；n_1 为隐层单元数；n 为输入神经元数，当 $i > n_1$，$C\binom{n_1}{i} = 0$。

$$n_1 = \sqrt{n + m} + a \tag{5-25}$$

式中，m 为输出单元数；n 为输入单元数；a 为常数。

$$n_1 = \log_2 n \tag{5-26}$$

式中，n 为输入单元数。

这里从两点考虑：（1）逼近函数的精度以及函数本身与隐层单元数有关，所以将式（5-24）~式（5-26）作为参考，根据函数的精度要求适当加以调整；（2）考虑隐层单元数最初放入足够多的单元，或使单元数量可变，然后逐步将不起作用的隐层单元去掉，一直减少到无法收缩为止，也可以在初始放入较少的单元数，经过学习一定次数后，如果不成功则增加隐层单元数，直至达到较为合理的隐层单元数为止。但这种方法在选取结构中时间花费较大。因此，参考式(5-24)~式（5-26)，选取网络隐层单元数量为 7。

5.5.3 激励函数选择优化

本节根据实际网络要求与输出目的，选择 S 型函数：$f(v)=\dfrac{1}{1+\exp(-av)}$，$S$ 型函数之所以被广泛应用，其优点除了非线性以及处处可导外，最重要的是该函数对信号有优越的增益控制。该函数的值域可以根据用户实际的需求给定。当 $|net|$ 值较小时，$f(net)$ 的增益较大；当 $|net|$ 值较大时，$f(net)$ 的增益较小，因此可以有效地防止网络进入饱和状态。并且 S 型函数的输出与网络的输出具有相同性质。

5.5.4 BP 网络的训练流程

图 5-12 给出了神经网络训练流程图。首先设定迭代次数为 5000 次，对网络的阈值和网络的权值等参数进行初始化，在样本集中随机选用一个样本 X_k 通过网络正向传播，利用式（5-12）和式（5-13）前向计算输入信号 z 和输出信号 y，通过期望值与实际输出计算累计该过程的总误差，根据反传计算神经元局部梯度的 δ，并修正每层网络的权值和阈值，判断所有样本是否在迭代过程中学习结束，如果迭代没有结束，在样本中随机选取一个样本继续学习，否则结束迭代过程；如果总误差小于给定的最小误差，则保存权值与阈值向量，并结束训练；否则继续迭代过程。

5.5.5 实验结果

本实验利用单隐层的前馈神经网络进行旗语识别，网络输入单元数等于基于深度信息的 9-DOF 人体模型向量角度总数，输出层单元数等于所要识别的所有旗语动作的类数。即 8 个上半身姿态角度向量，网络输出为识别结果，期望输出表示为：

$$
\begin{gathered}
[1,\ 0,\ \cdots,\ 0] \rightarrow \text{旗语动作 1} \\
[0,\ 1,\ 0,\ \cdots,\ 0] \rightarrow \text{旗语动作 2} \\
\vdots \\
[0,\ 0,\ \cdots,\ 1] \rightarrow \text{旗语动作 23}
\end{gathered}
$$

将实验得到的 480 个实验样本分为两组，第一组 320 个用于网络训练建模，第二组 160 个用于网络预测以及系统验证。实验初期使用 23 个输出单元结构，

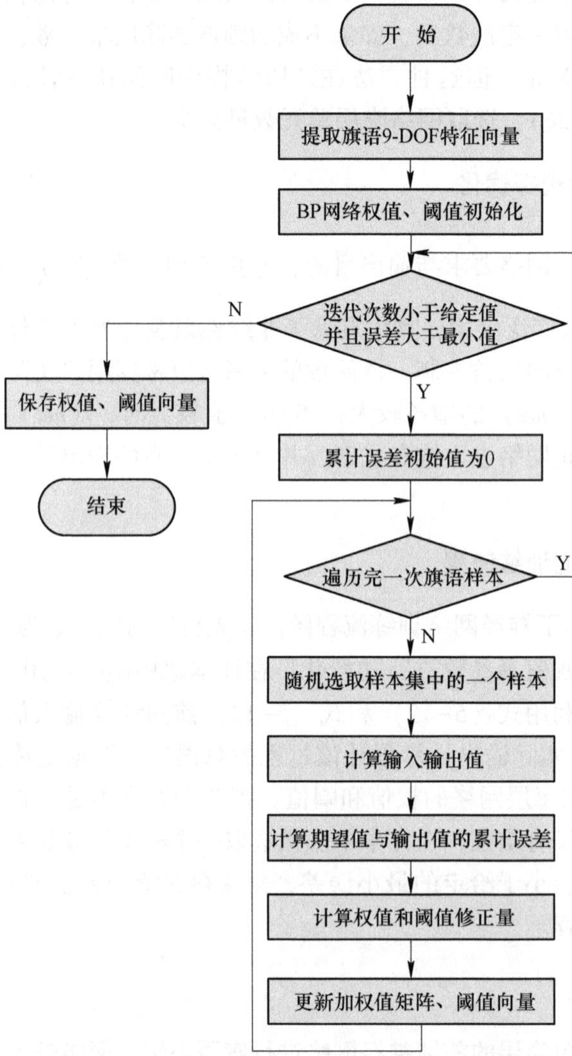

图 5-12 神经网络训练流程图

但发现效果并不好，边缘划分不明显，因此在训练阶段本章采用 8 : 7 : 1 结构，前馈神经网络的部分误差指数收敛图如图 5-13 所示。

经过训练后，网络中的权值和阈值都已固定。下一步，采用预测样本进行验证。当使用神经网络对未知动作进行预测时，假设输出层中所对应的 23 个旗语动作 $\{X_1, X_2, \cdots, X_{23}\}$ 的神经元的输出 $\{x_1, x_2, \cdots, x_{23}\}$ 同时满足以下条件：

(1) $x_1 = \max\{x_1, x_2, \cdots, x_{23}\}$；

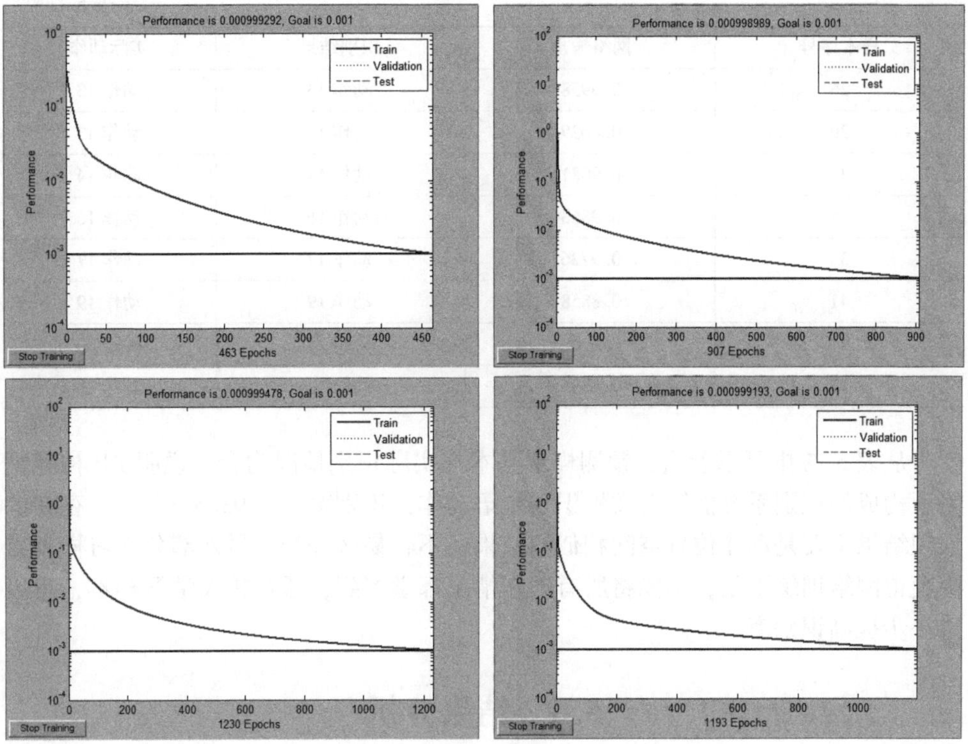

图 5-13　部分误差收敛图

(2) $x_1 > 0.8$;

(3) $x_1 - x_2 > 0.3$, $x_1 - x_3 > 0.3$, $\cdots$, $x_1 - x_{23} > 0.3$。

则判断被测动作为 x_1，否则不能识别为旗语动作。根据以上准则，预测样本识别结果见表 5-2。

表 5-2　神经网络部分预测结果

样本序号	网络输出	识别结果	实际动作
03	0.9271	动作 1	动作 1
06	0.9663	动作 2	动作 2
09	0.9896	动作 3	动作 3
12	0.9991	动作 4	动作 4
15	0.9998	动作 6	动作 6
18	0.9419	动作 7	动作 7
20	0.9374	动作 8	动作 8
23	0.9895	动作 10	动作 10

续表 5-2

样本序号	网络输出	识别结果	实际动作
26	0. 9938	动作 13	动作 13
29	0. 8629	动作 13	动作 13
32	0. 9081	动作 14	动作 14
35	0. 9863	动作 16	动作 16
38	0. 9726	动作 17	动作 17
41	0. 8858	动作 19	动作 19
44	0. 9968	动作 20	动作 20
47	0. 8335	动作 22	动作 22

从表 5-2 中可以看出，预测样本基本与实际识别情况吻合，说明 BP 神经网络所构成的识别系统能够有效地识别旗语动作，识别率高达 93. 5%以上。存在的误识结果主要是动作位置空间相似的结果，不容易区分开。另外部分学习样本有限使得网络训练不足，不能将所有动作情况都学习到，通过扩大学习样本，可以进一步提高识别率。

5.6 结果分析

5.6.1 旗语识别实验环境设计

为了验证基于深度信息的旗语识别效果，测试实验选取在室内，监控场景中的实验者目标离摄像头 2m 左右，人体目标较为完全地体现在视频图像中，主要检验对人体目标识别的有效性和对人体深度信息提取的完整性。测试所用设备为 2. 4G 主频 CPU 的笔记本，微软 KINECT 深度传感器，算法由 C#基于微软 KinectSDK 开发实现，视频分辨率 640×480 像素。

本书中使用的深度传感器每秒实际能捕获到的数据大概在 10 帧左右，一个动态动作的持续时间差不多也是一秒，根据实际捕获的 10 个点来确定移动轨迹，计算轨迹函数，而后根据得出的轨迹函数，来判断下一次轨迹是否符合，但是系统本身对于识别静态手势具有较高的准确性和稳定性，因此符合本书所使用的动态语义转换成静态语义方法。转译旗语时，容易因为深度传感器采样率的问题，造成识别多余操作，每个动作之间的过程性的动作会被误识别，造成最终旗语的含义分不清。为解决这一问题，首先通过间隔固定时间来实现，以此来达到间隔一秒识别旗语手势。这样消除了动作干扰，实验者只需使每次的动作切换在 1 秒内完成即可。

其中，本实验中的旗语系统应用标准如下：

(1) 不同身高大小的用户作为输入；

(2) 满足复杂光线以及背景的需要；

(3) 测试者不必提前训练。

5.6.2 旗语动作识别实验

通过以上系统与实验环境的调试，最后进行了基于深度信息的旗语识别，图5-14为旗语识别结果。该实验主要包含2个部分：首先对深度图中人体进行建模，提取骨架信息；然后通过建立9-DOF模型，利用神经网络方法进行非监督训练。本实验将采用训练、测试和验证这种交叉验证的方式，来提高模型的稳定性。在系统实现过程中，根据旗语动作关键帧的特征向量与特征模板数据库相比较，在所获得的动作序列中，判断是否包含之前定义的已知序列。如果有那就认为是该旗语动作，并进行语义转译，否则退出动作序列的判断。

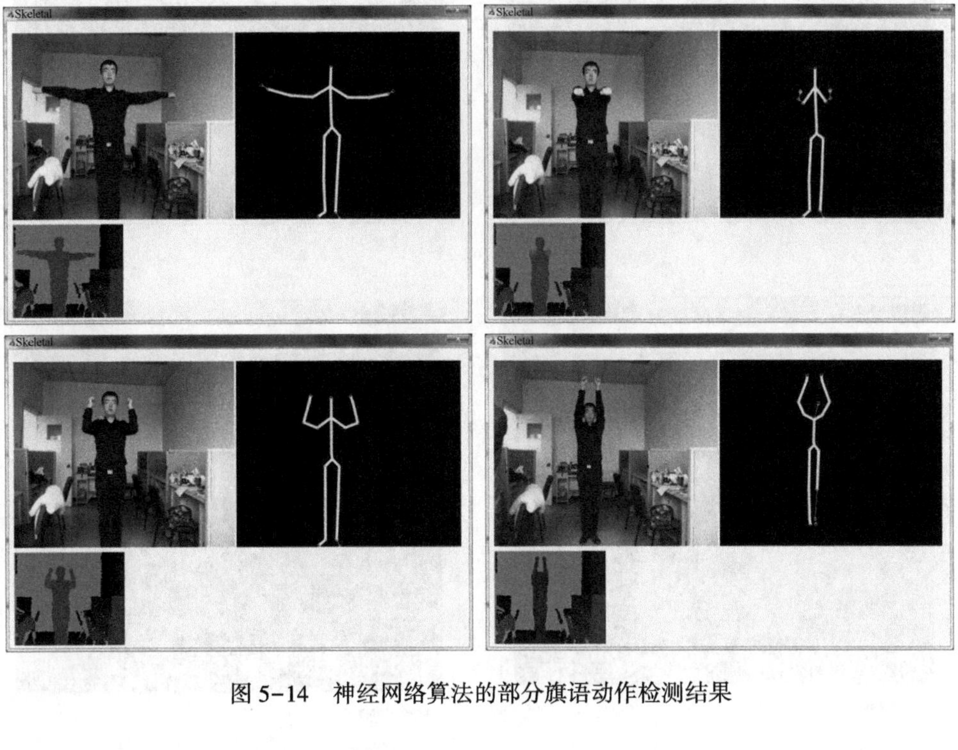

图5-14 神经网络算法的部分旗语动作检测结果

5.6.3 静/动态旗语识别结果分析

5.6.3.1 静态识别结果分析

如上文所提到的，旗语是一组事先定义好的手势组合，每个组合包含左右手臂两个部分。在根据手势朝向参数计算获得所代表的旗语含义时，处理方法是事先用以数组存入预定的23种静态旗语动作，在数组中存入好预定义的旗语格式后，在GetMeaning辅助函数中，需要输入手势朝向参数，并输出具体的旗语位置。其中不能识别的用-1表示，并进行下一轮识别，静态旗语动作判别如图5-15所示。

(a)

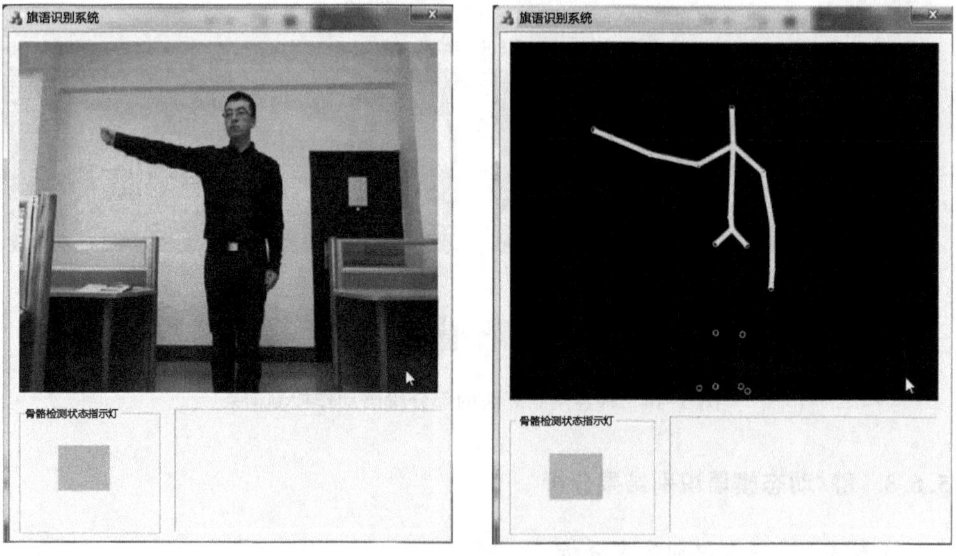

(b)

图5-15 静态旗语动作检测比较图

(a) 部分静态旗语动作识别；(b) 未检出的旗语动作

将样本输入训练的模型来判断输入参数符合第几个旗语的手势动作，当符合时，停止循环并返回旗语含义。至此静态旗语的语义识别完成。

表5-3为本实验的静态旗语检测结果。由检测结果可以看出，通过改进算法能够将旗语动作准确识别，并精确转译成相应语义，同时在身体部分遮挡尤其上身遮挡的情况下，保持了较高的检测正确率。其中旗语C6动作中，手臂完全垂直于身体正面，腕节点、肘节点和肩节点接近重合，肘部节点无法有效地检测到，因此在这里C6这个动作主要考虑手部和肩节点位置关系，而肘部节点可忽略不计。例如表中C7和C9这两个动作中，一个需要实验者双手举高，一个则需要实验者双手交叉，但由于不同实验者挥动旗语经验不足以及两者动作识别空间位置较为接近，因此在以往仅基于空间位置实验中产生一定的误识率，但经过训练过的模型大大减少了误识率。

表5-3 静态旗语检测结果表

静态旗语			
	C1	C2	C3
测试数目	30	30	30
正确数目	30	30	30
识别率	100%	100%	100%
静态旗语			
	C4	C5	C6
测试数目	30	30	30
正确数目	30	30	28
识别率	100%	100%	93.33%

续表 5-3

静态旗语	 C7	 C8	 C9
测试数目	30	30	30
正确数目	27	30	26
识别率	90%	100%	86.7%

5.6.3.2 动态识别结果分析

动态旗语动作的识别是本书中的难点也是研究重点，主要因素有：(1) 旗语语义由连贯性的手臂动作所表达，一般机器不易识别；(2) 动态旗语动作多有手臂重叠，即加大识别难度，又影响识别的准确率。本章分别利用 9 个 DOF 空间向量作为神经网络的输入层对 7 个动态旗语动作进行识别，结果见表 5-4。

表 5-4 动态旗语识别结果

动态旗语动作	A	B	C	D	E	F	G
识别率	90%	85%	87%	90%	77%	82%	95%

由表 5-4 可以看出系统识别率较高，这说明两点：首先，BP 神经网络鲁棒性高；其次 9-DOF 可以较好地描述旗语手势形态。例如 E 和 F 两个动态旗语动作。E 动作要领是：手臂弯曲垂直于胸前，前后运动（见图 5-16）；F 则是：手臂弯曲垂直于胸前，上下运动（见图 5-17）。由于两者之间的动态组合在空间位置较为相似，不易选取关键帧；其次两者动作手势方向比较接近，识别过程常常受到误识影响，因此误识率大大增加；最后通常不同测试者的动作常常复杂多样。因此，在基于空间位置的识别方法中，E 和 F 两者动作的识别率仅有 33%和

45%。而经过神经网络训练后，识别率分别提高了44%和37%。由此可以看出本章神经网络算法与前者算法比较，静态识别结果和动态识别结果都得到了较明显的提高，效果好。

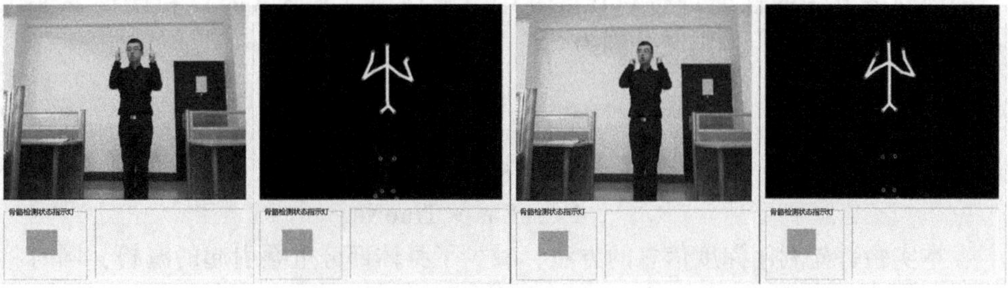

图 5-16 E 旗语识别结果

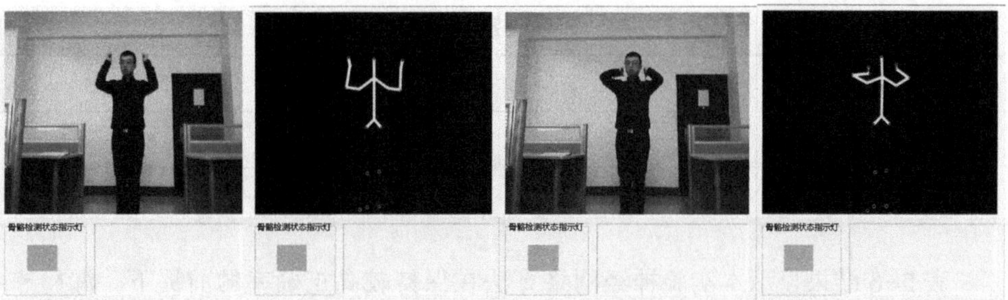

图 5-17 F 旗语识别结果

5.6.4 实验分析

该实验主要包含2个部分：(1) 首先对深度图中人体进行建模，提取骨架信息；(2) 然后通过建立9-DOF模型，再利用神经网络方法进行训练。本节将采用训练、验证和测试这种交叉验证的方式来提高模型的稳定性。

(1) 实验1在上午11点，室内光照和自然光照（145lx）下，实验结果如表5-5所示。

表 5-5 复杂环境光线分析对比

光照条件	简单背景/%	复杂背景/%	平均/%
实验室光照	93.5	93.3	93.05
自然光照（145lx）	93.3	93	93.15
平均	93.4	93.15	

从实验中可以看出，复杂背景以及环境光线对本系统影响并不大，因此可以验证本系统在复杂环境下的系统稳定性高。

(2) 为了更好验证本系统的性能，实验 2 通过较为经典的基于空间匹配方法与神经网络方法的性能进行对比。其中，漏检率（Miss Rate）和误识率 FRR（Fales Reject Rates）的定义分别为：

$$\text{Miss Rate} = \frac{\text{FalseNeg}}{\text{FalsePos} + \text{FalseNeg}} \tag{5-27}$$

$$\text{FRR} = \frac{\text{FalsePos}}{\text{FalsePos} + \text{TrueNeg}} \tag{5-28}$$

本实验首先利用深度信息的方法，减少了身体部分重叠引起的漏检，同时将背景与人体目标前景进行分离，并提取建立了骨架模型，减少了复杂人体姿态引起的误检测，实验结果如表 5-6 所示。显然本实验的优化工作使得系统算法的检测识别精度得到了很大提高。

表 5-6 不同识别算法分析比对

使用算法	正确率/%	漏检率/误识率/%	算法耗时/ms
基于空间匹配算法	87	6.3/4.4	1200~1500
神经网络算法	93.5	5.4/3.6	300~650

表 5-6 结果显示本实验神经网络算法在保持较高正确率的前提下，漏检率/误识率明显低于传统的基于空间匹配算法，运算时间大大降低，进一步说明本实验神经网络算法具有较好的效果。

(3) 实验 3 为进一步验证本书旗语识别系统的有效性，与文献中的一些方法进行了对比，并选取了 4 种具有经典代表的文献作为比较，分析对比结果如表 5-7所示。

表 5-7 旗语动作检测分析对比

算法	测试设备	动作种类数	存在动态识别	存在动作重叠	正确率/%
Kadous 系统	肌电传感器	18	否	否	80
Jintae 系统	数据手套	27	否	是	90.3
Khatib 系统	可见光传感器	15	否	否	92
Noriyuki 系统	深度传感器	23	否	是	94.2
本系统	深度传感器	16	是	是	93.5

从表 5-7 可以看出，本系统在正确率和复杂难度指标上都是领先的，其中

Jintae 系统依然借助数据手套来提高识别的准确率，而且实验中依然使用无遮挡的手势序列来测试。Noriyuki 方法识别率较高，虽然达到了较高的识别率 94.2%，但其旗语动作复杂程度不高，动态旗语检测较少，跟踪部分与识别部分分开进行。为验证本系统算法有效性，这里我们同样采用 Noriyuki 系统中所使用的标准旗语作为测试旗语目标，实验结果如图 5-18 所示。

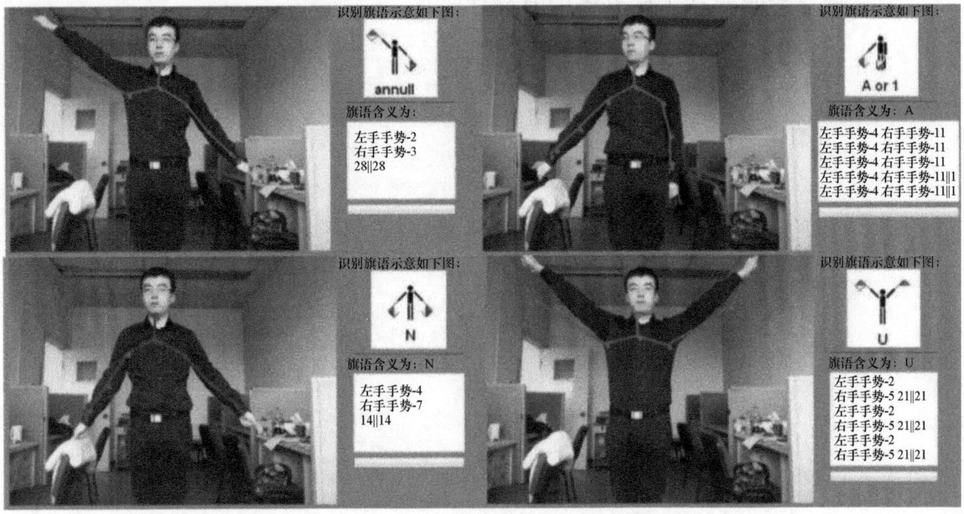

图 5-18　本系统算法的旗语测试结果

对于基于神经网络的旗语识别测试，识别结果明显要好于未训练过的算法模型，同时对于 Noriyuki 系统中所使用的旗语动作，本系统识别平均率达到 98.3%；同时系统在识别过程中鲁棒性高，不受环境光线与其他扰动的影响，测试结果证明系统采用方法是有效的。

由此可见，对于以上系统为了提高识别率，不惜牺牲灵活性与舒适性为代价，甚至减少旗语手势难度性以及旗语手势数目，从未来发展方向上来看，这些方法并不能满足基于视觉的旗语识别的需求，而个别满足其要求的方法在本身算法上也存在瓶颈。因此，本系统在研究中具有一定优势。

5.7 小　结

本章重点研究了 BP 神经网络。BP 神经网络是模式识别中的一种方法，将特征提取和分类器的训练组合到一起，通过 BP 算法来进行全局的参数优化。

(1) 针对神经网络只能针对静态旗语识别的问题，提出了一种基于关键帧的动态旗语识别方法，解决了神经网络无法对复杂的动态旗语有效识别的问题；

(2) 构建了 9-DOF 模型作为人体姿态输入特征向量，进行训练和测试，以使其能够满足旗语识别的需求；

(3) 另外使用不同的人体姿态数据库进行实验比较，比较不同旗语图像中变化项对模型训练和测试结果的影响；

(4) 对比了不同参数下的模型的实验结果以及比较参数设置对模型的影响；

(5) 通过实验验证了此方法的有效性。

6 基于可穿戴传感器的旗语动作数据采集与处理

本章对动作信号采集进行实验研究，对基于9轴姿态传感器的信号采集方式进行理论到实验内容的描述，并对旗语信号采集技术流程、采集平台及采集数据进行研究分析。

6.1 基于可穿戴传感器的旗语动作采集方法

旗语动作信号采集技术根据输入数据的不同可分为2类：基于计算机视觉的动作识别以及基于传感器的动作识别。Kinect体感技术是计算机视觉领域的研究热点，利用光学设备采集深度图像信息，通过深度数据处理技术如DTW、帧间差分法、TF-IDF等算法对采集的肢体动作关节点数据进行相关分析，完成对旗语数据识别的特征提取及分类任务。张金林等提出了一种单目视觉识别算法，利用单个摄像机来实现多个旗语动作的识别与跟踪；西南交通大学李鹏飞等提出了一种基于Kinect体感技术的旗语识别方法，基于Kinect感应器进行动作识别。然而，此类方法对数据采集和设备要求较高；在实际应用中旗语指挥者无法在场地走动或改变身体方位，设备的部署不够灵活；且在特征提取过程中由于深度图像庞大的信息量导致训练时间过长，影响在实际工作训练场景的应用，因而识别效果有待提升。随着传感器技术的不断发展，将加速度计、陀螺仪、磁力计等传感设备嵌入手机、运动手环等移动载体中，可以促进人体运动状态的实时在线监测，同时也极大改善了以往的人机交互环境。其采集方式如图6-1所示。

针对以上局限性，本章研究将小波分析技术、深度学习技术和穿戴式技术结合，利用9轴姿态传感器实时采集旗语指挥动作多元信息，研究小波分解重构和改进CNN方法，建立实验系统，通过信号滤波处理、特征提取和分类识别，实现对旗语动作的准确识别。

本章主要利用9轴姿态传感器采集人体上肢动作加速度、角速度及磁偏角数据。相较于深度图像分类方法，基于传感器数据的分类方法在隐私性及便捷性方面存在较大优势，且传感器所储存的信号数据本质上是一系列时间序列，在容量及计算内存上相较于深度图像可以大幅缩减。

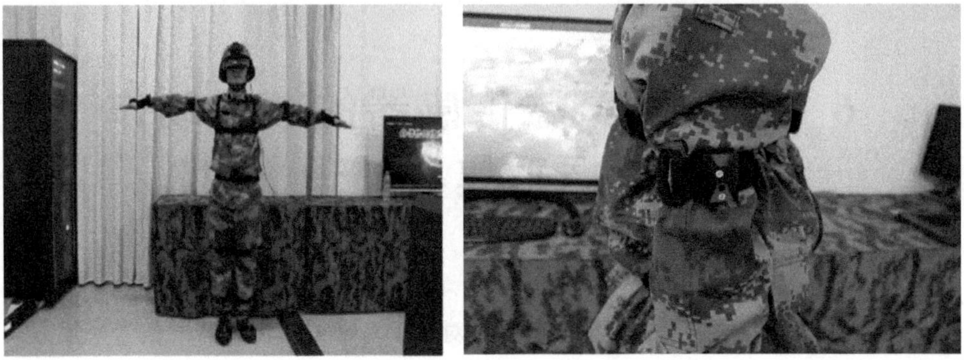

图 6-1 基于可穿戴设备的动作采集平台

6.2 基于 9 轴姿态传感器的动作信号采集流程

通过 9 轴姿态传感器采集人体上肢旗语动作加速度、角速度、方位角数据；建立采集系统和识别系统完成对旗语动作的识别任务，其中图 6-2 展示了实验中整体工程网络架构。

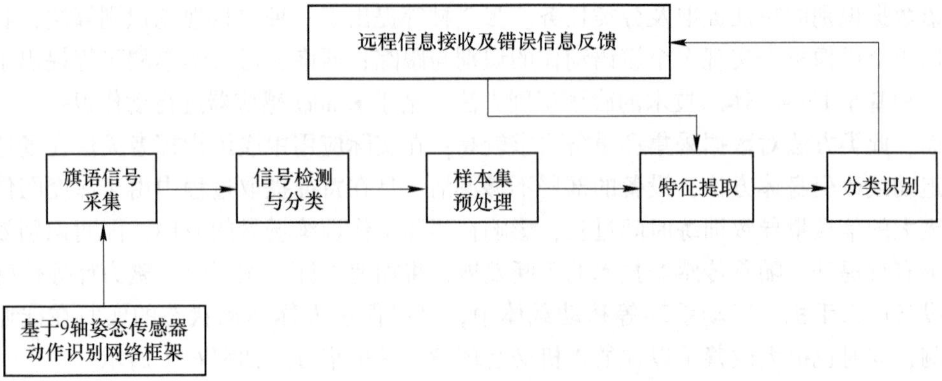

图 6-2 基于 9 轴姿态传感器的动作识别网络框架

主要工作分为信号采集工作与信号处理工作。同时，在信号特征提取过程中设置内循环结构，通过信号分类预测过程中错误信号信息反馈，对特征提取网络进行更新，再对新输入的采集信号进行更新后网络的特征提取与分类识别工作，通过这样一种对信号数据的不断学习循环网络，完成舟桥模拟训练中对旗语动作的识别任务。

6.3 旗语信号采集平台搭建

6.3.1 WT901C 姿态传感器采集设备

根据以上对传感器采集数据类型总结发现，基于多轴惯导数据的信号采集方式在动作识别领域应用最为广泛。因此在本章上肢动作分类识别研究中，将采用 WT901C 姿态传感器的动作采集设备，其结构如图 6-3 所示。该设备集成了高精度的三轴陀螺仪、加速度计、地磁场传感器，通过高性能微处理器以及先进动力学解算方式对当前的实时运动姿态进行快速解算。传感器的姿态测量精度静态 0.05°，动态 0.1°；量程为加速度：±16°/s^2，角速度：±2000°/s，角度±180°；数据输出频率 0.1～200Hz。

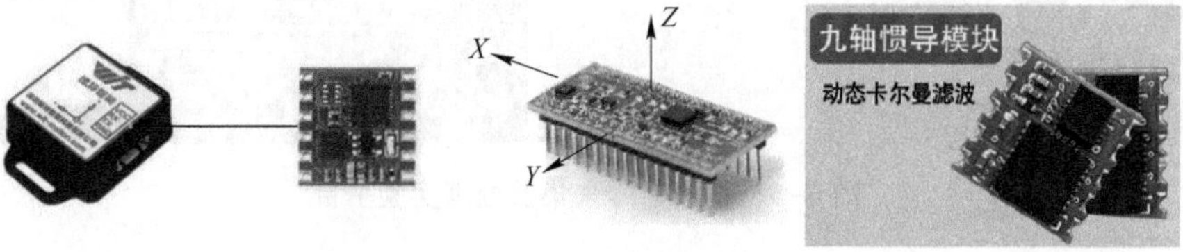

图 6-3 WT901C 姿态传感器示意图

将通过 WT901C 姿态传感器采集人体上肢旗语动作加速度及角速度信号数据，同时利用位置传感器获取旗语动作的三轴角度数据，分别为 *X* 轴磁偏角、*Y* 轴俯仰角以及 *Z* 轴横滚角数据，图 6-4 展示了动作识别实验中，实验人员佩戴传感器时所测的三轴角度信息。

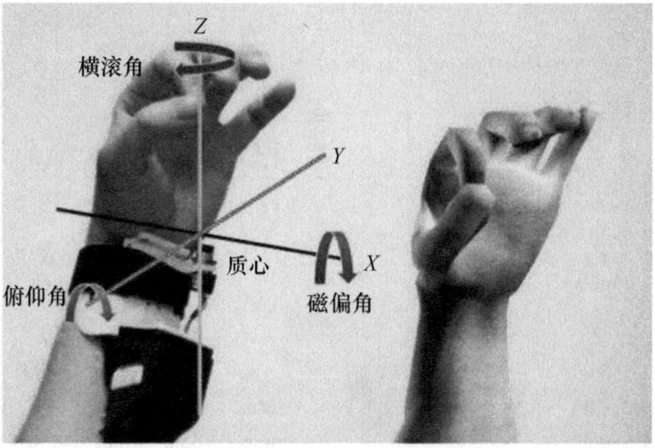

图 6-4 可穿戴传感器所测三轴角度信息

6.3.2 旗语信号采集平台

实验过程中，将旗语信号识别仿真系统分为 2 部分，分别为前端信号采集部分以及后端数据处理部分。其中在前端信号采集部分，将 WT901C 传感器佩戴于实验者双手手腕处，并通过 USB 接口连接至信号采集设备（后端计算机），传感器佩戴方式及动作采集接收实验平台如图 6-5 所示。

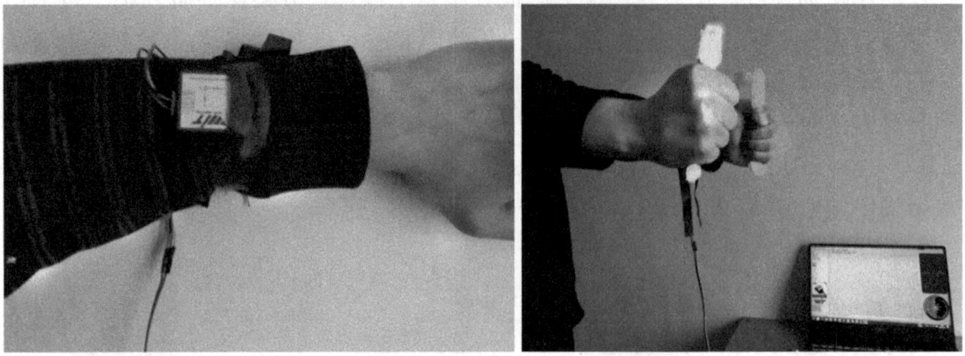

图 6-5 旗语信号采集及处理实验平台

通过传感器将采集到的各类动作信号以 txt 或 CSV 文本形式传输至信号处理平台，其中旗语信号采集界面如图 6-6 所示。

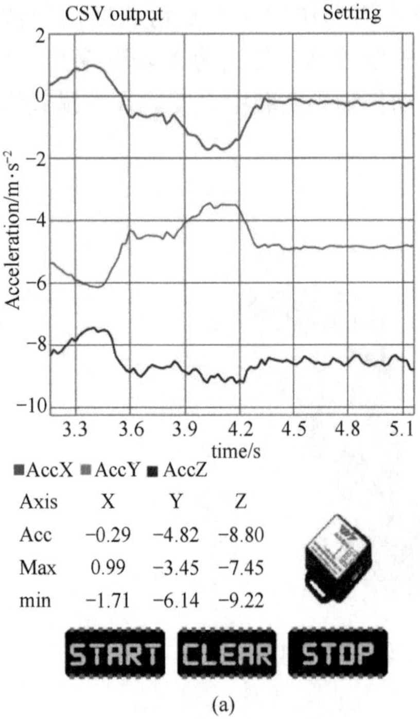

(a)

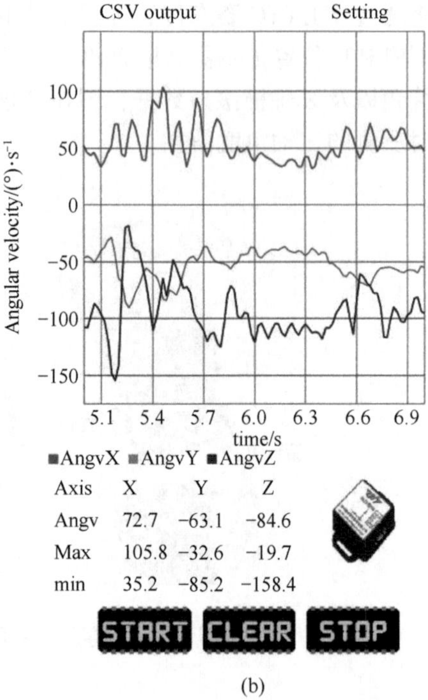

(b)

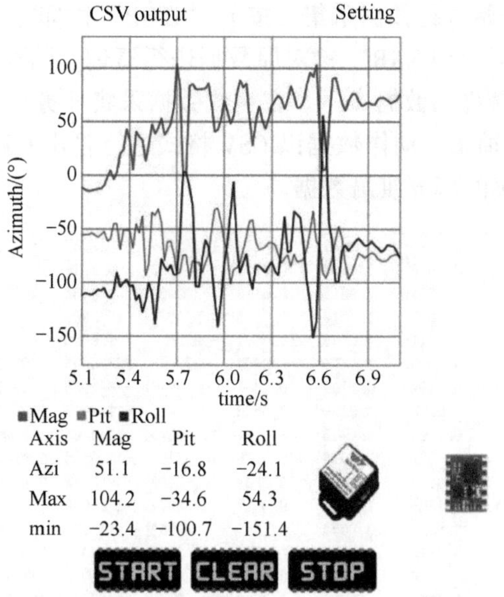

(c)

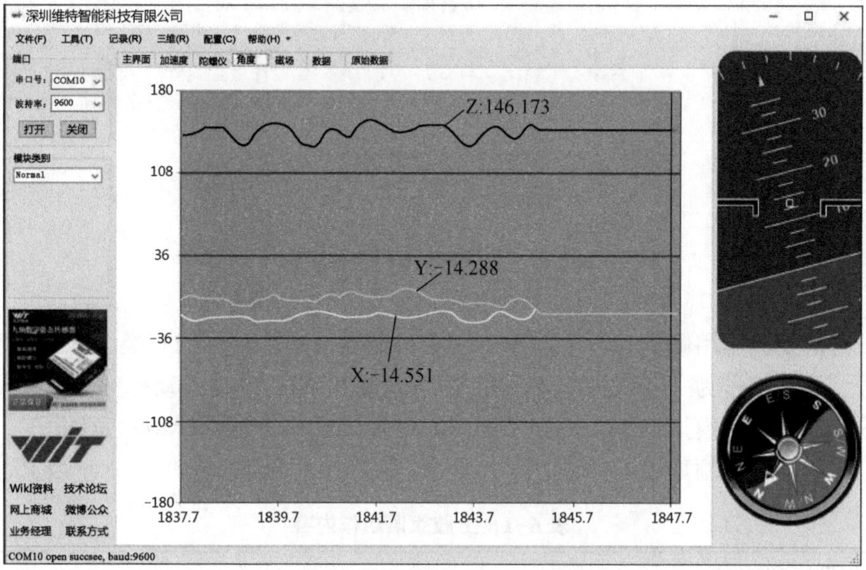

(d)

图 6-6 旗语信号采集界面

（a）加速度数据采集界面；（b）角速度数据采集界面；

（c）方位角数据采集界面；（d）旗语信号采集人机交互界面

在信号采集阶段，通过 API 软件接口将传感器内置的数据采集计算模块嵌入智能手机内，利用 Wifi 或蓝牙信号可以将传感器—手机进行无线对接从而完成远程的旗语动作数据采集，方便操作。在图 6-6（a）~（c）手机操作界面，按下

“START”键，即开始进行数据采集，按下“STOP”键即完成一段长时间序列信号的采集任务，按下“CLEAR”键对原数据进行清理。图 6-6（d）为旗语信号采集人机交互界面最终的数据显示。在完成数据采集任务后，再按下“CSV output”将采集到的 9 轴旗语动作数据以 CSV 格式进行输出并存储至计算后端，图 6-7 则展示了所采集的部分旗语数据。

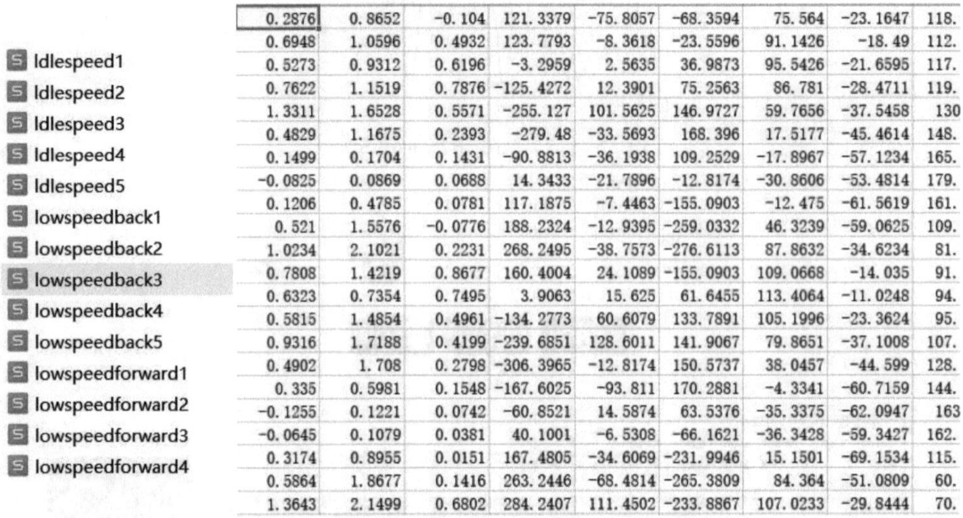

0.2876	0.8652	-0.104	121.3379	-75.8057	-68.3594	75.564	-23.1647	118.
0.6948	1.0596	0.4932	123.7793	-8.3618	-23.5596	91.1426	-18.49	112.
0.5273	0.9312	0.6196	-3.2959	2.5635	36.9873	95.5426	-21.6595	117.
0.7622	1.1519	0.7876	-125.4272	12.3901	75.2563	86.781	-28.4711	119.
1.3311	1.6528	0.5571	-255.127	101.5625	146.9727	59.7656	-37.5458	130
0.4829	1.1675	0.2393	-279.48	-33.5693	168.396	17.5177	-45.4614	148.
0.1499	0.1704	0.1431	-90.8813	-36.1938	109.2529	-17.8967	-57.1234	165.
-0.0825	0.0869	0.0688	14.3433	-21.7896	-12.8174	-30.8606	-53.4814	179.
0.1206	0.4785	0.0781	117.1875	-7.4463	-155.0903	-12.475	-61.5619	161.
0.521	1.5576	-0.0776	188.2324	-12.9395	-259.0332	46.3239	-59.0625	109.
1.0234	2.1021	0.2231	268.2495	-38.7573	-276.6113	87.8632	-34.6234	81.
0.7808	1.4219	0.8677	160.4004	24.1089	-155.0903	109.0668	-14.035	91.
0.6323	0.7354	0.7495	3.9063	15.625	61.6455	113.4064	-11.0248	94.
0.5815	1.4854	0.4961	-134.2773	60.6079	133.7891	105.1996	-23.3624	95.
0.9316	1.7188	0.4199	-239.6851	128.6011	141.9067	79.8651	-37.1008	107.
0.4902	1.708	0.2798	-306.3965	-12.8174	150.5737	38.0457	-44.599	128.
0.335	0.5981	0.1548	-167.6025	-93.811	170.2881	-4.3341	-60.7159	144.
-0.1255	0.1221	0.0742	-60.8521	14.5874	63.5376	-35.3375	-62.0947	163
-0.0645	0.1079	0.0381	40.1001	-6.5308	-66.1621	-36.3428	-59.3427	162.
0.3174	0.8955	0.0151	167.4805	-34.6069	-231.9946	15.1501	-69.1534	115.
0.5864	1.8677	0.1416	263.2446	-68.4814	-265.3809	84.364	-51.0809	60.
1.3643	2.1499	0.6802	284.2407	111.4502	-233.8867	107.0233	-29.8444	70.

图 6-7 部分数据信号

6.4 旗语动作模型

本次实验利用佩戴在双手的 WT901C 传感器采集了常用的 6 类上肢旗语动作信号，分别编号为 A、B、C、D、E、F。通过 Noitom 穿戴式动作采集仿真设备对 6 类动作进行模拟训练，得到了如图 6-8 所示的旗语动作模型示意图。

旗语动作要领如表 6-1 所示。

表 6-1 上肢旗语动作内容

上肢旗语动作序号	动 作 含 义
A	大臂垂直身体 90°，肘部呈弯曲状，小臂置于头部两侧，交叉前后摆动
B	双臂自然落下，贴于身体两侧，前后摆动
C	双臂垂直举过头顶，手臂反复交叉与分开
D	双臂垂直举过头顶，双臂平行左右摇摆
E	左臂伸直，在身体正前方逆时针画圈
F	双臂垂直身体平伸，上下摆动

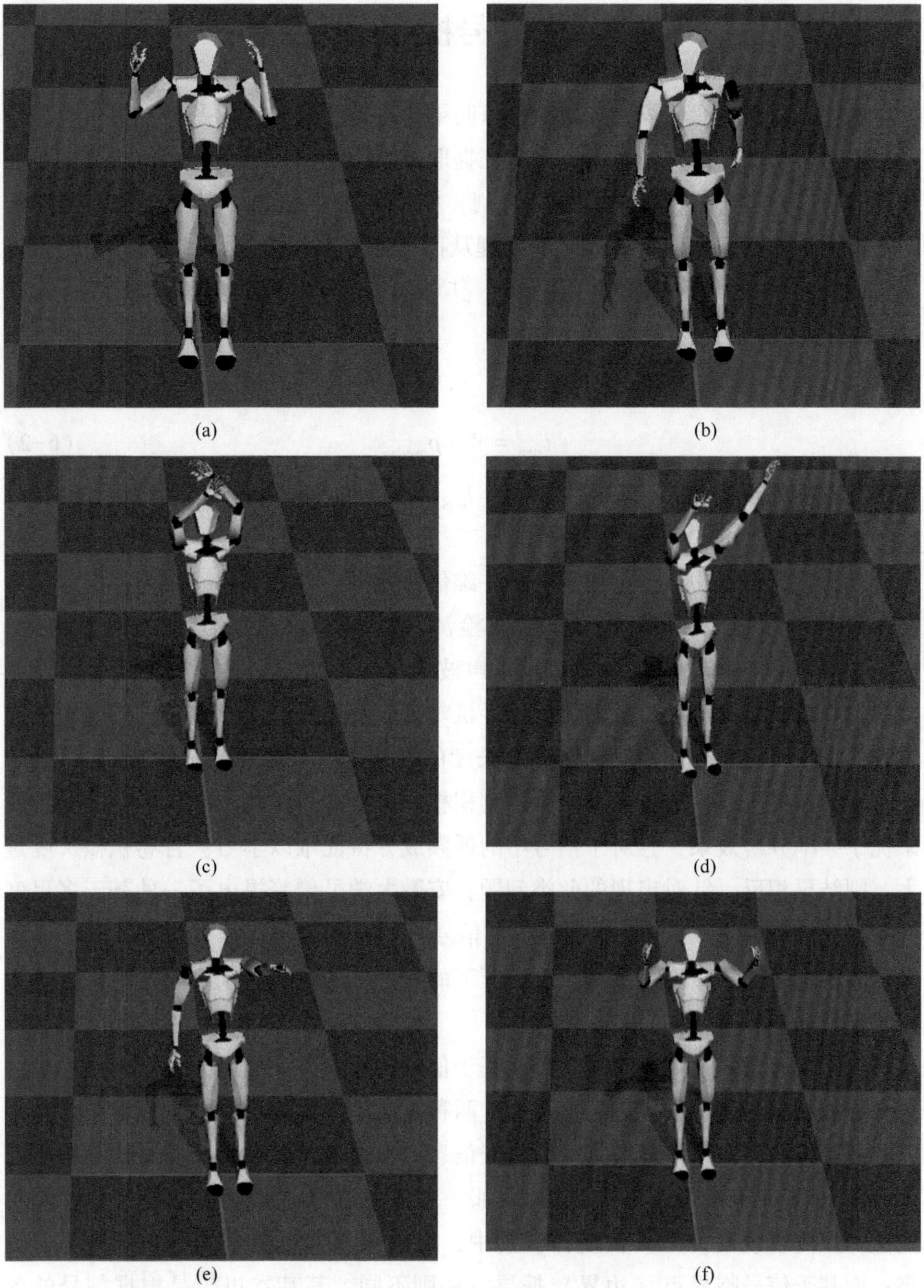

图 6-8 待识别旗语信号动作示范

(a) 动作 A；(b) 动作 B；(c) 动作 C；(d) 动作 D；(e) 动作 E；(f) 动作 F

6.5 一维信号检测分割技术

基于传感器的活动识别本质上可以归结为时间序列分类问题，通过将长段信号分割为多个短时信号样本再进行特征提取及识别工作。目前，多数研究主要通过滑动窗口方式对传感器数据进行分割，如 Vigueras-Guillen 等提出通过确定好的窗口大小在时间序列上进行滑动处理从而得到分割数据，同时步长 l_{step} 的值根据窗口大小和数据重叠率进行计算，其中滑动窗口 W 及步长计算公式如式（6-1）、式（6-2）所示：

$$W = S \cdot l_{sam} \tag{6-1}$$

$$l_{step} = W \cdot \rho_{overlap} \tag{6-2}$$

式中，S 为数据采样率（单位：Hz）；l_{sam} 为单个处理样本的长度（单位：s）；$\rho_{overlap}$ 为信号数据重叠率。

目前，此类方法广泛应用于各类一维信号检测中，如 Kiranyaz 等利用固定滑动窗口对电机振动信号进行分割及检测，实现了对电机状态的实时检测；J. CAREY 等利用滑动分割方式对基于声波信号的手机侧向技术进行研究，通过提取其中无线信号特征，从而实现了手机对方向变化时的实时感应。然而经研究发现，在信号分割过程中，选取固定长度的滑动窗口会对时频分辨率产生影响。同时研究人员指出，若特征提取阶段卷积核尺度及时间跨度过小，则时间分辨效果优于频率分辨效果，且对于信号中的低频成分特征难以学习；若卷积核尺度过大，则结果相反。针对出现的此类问题，安徽大学吴俊等提出了一种基于多尺度一维卷积神经网络（MS 1-D CNN）的信号分割检测模型，通过设置 4 层 3 核多尺度卷积神经网络实现了不同长度特征下的融合，通过层与层之间的结构配合完成了信号的预分割任务。

根据现有的研究情况总结发现，基于信号的检测方法可以分为基于信号单元对齐方法和基于信号临界点搜寻方法。两种方法差异性在于：基于信号单元对齐方法需要结合待切分信号的相关的特征信息，根据信号各类特征，将信号检测与其他如 ANN 或聚类等方法相结合，因此，基于切分单元对齐方法的信号检测对先验知识需求较高，尤其在动作识别中，对已检测分类信号的样本数量要求较高；而基于信号临界点（边界）搜寻方法则不同，其基本思想是根据信号的各类特征及其突变的情况，检测存在的单元边界，因此这类方法无需先验信号特征，更易于构造信号分割系统。

6.6 基于时间序列变化点检测的旗语信号分割模型

本节的研究对象是一维旗语信号时间序列，根据第5章对旗语动作信号及动作模型的介绍，可以发现，在一段包含各类旗语动作的信号中，单个信号之间存在着加速度值突变点以及周期性成分，因此，对于旗语信号分割的处理相较于机械故障信号及连续运动信号较为容易。然而旗语信号中所包含的大多为低频成分，因此为学习信号低频特征，需要将滑动窗口尺度尽量增大；然而，通过实验发现，当滑动窗口增大时，由于采集中信号动作的时间长度不一致，最终将导致所分割的信号中存在两种情况：(1) 某些单个信号样本中包含2个或2个以上旗语动作成分，因此在识别过程中出现单个样本有多个分类结果情况；(2) 某些样本中由于部分信号缺失而成为负样本，导致在后续的特征提取学习中，出现因信号信息缺失而导致的特征缺失问题。基于此，本章提出了一种基于滑动点搜索的时间序列变化点检测分割方式，其中，对变化点的检测主要针对于时间序列中从一种状态（动作）到另一类状态（动作）发生变化的时刻，相当于单个样本的起点及终点。

根据信号特性，将采集的旗语动作信号归类为线性时间序列，因此，本次研究任务可看做是对时间序列中变化点的搜索问题。假设一段旗语动作信号为 $F=\{f_1, f_2, \cdots, f_n\}$，其中，$f_i$ 是信号在 i 时刻的数值，由于实验中所采集的信号包括加速度、角速度以及角度数据，因此，在严格意义上，应将 f_i 视为时间序列上的三维向量信息。然而，在对比三类数据随动作变化的波动幅度后发现，加速度数据在信号变化中具有显著变化特征，因此可将旗语中加速度、角速度以及方位角的边界检测看做是加速度-时间采样点之间的一维线性长时间序列变化点检测问题。

6.7 算法研究及相关模型建立

图6-9所示为一段包含多类旗语动作的时间序列。假定在时刻 τ 处序列被分为两个不同动作样本序列，记为 $A=\{a_1, a_2, \cdots, a_m\}$ 和 $B=\{b_1, b_2, \cdots, b_n\}$，其中 m、n 表示信号长度；而本文的信号检测问题即可转化为通过计算时间序列在任意时刻 τ 处的信号特征变化幅度从而判断时刻 τ 是否为前后两信号变化点。

因而下一阶段任务在于如何通过建立判别函数或特征差异模型来寻找不同信号之间的变化点。基于此，本章提出了一种基于时间序列上滑动搜寻变化点的判别函数模型，通过在时间序列中时间 t 变化引起的特征变化，利用SVM寻找划分前后两类样本的超平面，从而得出动作样本前后变化时间点的最优解。具体思路

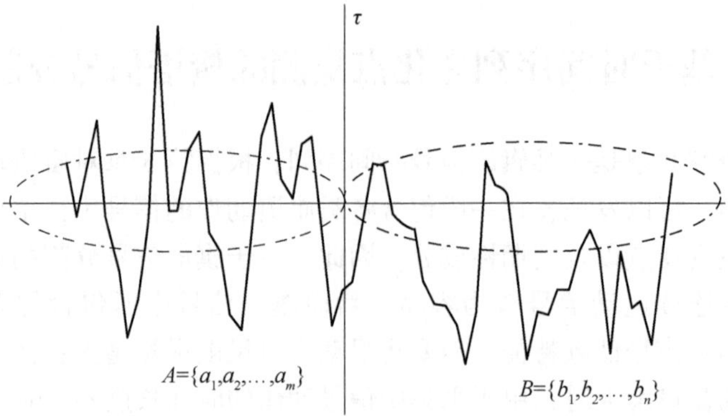

图 6-9　线型时间序列待分割信号示意图

可概括为：利用数据采集与预处理工作，得到加速度 a、角速度 ω、磁偏角 θ 与时间 t 的序列关系。具体操作如下文所述。

6.7.1　旗语动作时间序列三维采样散点模型建立

（1）建立一个时间序列样本集 $T = \{(a_1, \omega_1, \theta_1), (a_2, \omega_2, \theta_2), \cdots, (a_n, \omega_n, \theta_n)\}$，同时，将时间序列中各采样点映射至三维空间，形成一系列三维散点图，如图 6-10 所示。

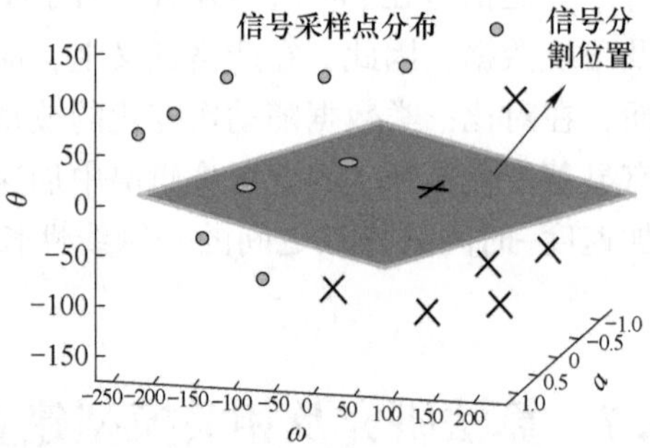

图 6-10　三维时间序列信号散点图

（2）对信号各散点给出类别定义，设 x_i 为样本特征，y_i 为样本类别，其中 $x_i = (a_i, \omega_i, \theta_i)$，$y_i \in \{1, -1\}$，其中 1 和-1 用以区分前后两类信号散点所属不同类别；i 为时间序列中采样点序列号。利用主成分分析法将信号原始数据转为特征集合，并对特征进行融合。具体为：1）计算样本均值并进行中心化；2）求出协方差矩阵及其特征值，并按大小进行排列；3）通过设置累积方差贡献率矩阵，选取相应特征值，组成投影矩阵；4）将高维特征进行低位映射从而得到线性集合；5）将特征融合为数值表达 x_i。

6.7.2 基于滑动模型的时间序列类间差异度函数建立

(1) 建立关于时间序列点 i 的类间判别函数，利用滑动点对判别函数进行定义，将滑动点定义为 φ，令滑动点在时间序列采样点中进行递进移动，对前后两类别 A，B 异常度这一变量进行定义，其中 $I(A \cup B \mid \varphi)$ 表示滑动点位于任一采样点上时 A，B 两类别的差异度函数。

(2) 通过设立阈值 λ，衡量 τ 时刻的差异度数值大小，从而给出如下阈值检验判别式：

$$\begin{aligned} &I\{A \cup B \mid \varphi\} < \lambda\text{，时间序列此时刻未发生类别变化} \\ &I\{A \cup B \mid \varphi\} > \lambda\text{，时间序列此时刻发生变化} \end{aligned} \tag{6-3}$$

(3) 将滑动点模型与 SVM 中超平面搜寻理论相结合，设立滑动点函数：

$$F(i) = U(a_i,\ \omega_i,\ \theta_i) \tag{6-4}$$

式中，$F(i)$ 表示滑动点在序列点 i 处由加速度 a_i、角速度 ω_i、磁偏角 θ_i 得到的样本量化特征，可得到用滑动点表示的差异度函数：

$$I(A \cup B \mid \varphi) = F(i+1) - F(i) \tag{6-5}$$

从而有 $F(i) = x(i)$，因而可将超平面函数定义为：

$$\kappa F(i) + \delta = 0 \tag{6-6}$$

6.7.3 差异度函数阈值模型建立

由滑动点经过的采样点几何间隔可设为：

$$\gamma = \| F(i),\ F(i+1) \| = y_i\left(\frac{\kappa}{\|\kappa\|} \cdot F(i) + \frac{\delta}{\|\kappa\|}\right) \tag{6-7}$$

而求出的样本间隔最大值 $\max\gamma$ 即为衡量采样点之间是否构成类别变化的差异度阈值，因而对阈值的求解问题即可转化为利用 SVM 模型求解最大超平面问题即约束最优化问题，即求解：

$$\min_{\kappa,\ \delta} \frac{1}{2}\|\kappa\|^2,\ s.t.\ y_i(\kappa \cdot x_i + \delta) \geqslant 1 \quad (i = 1,\ 2,\ \cdots,\ n) \tag{6-8}$$

通过将目标函数转化为新构造的拉格朗日目标函数 $L(\omega,\ \delta,\ \alpha)$，再通过式 (6-8) 约束条件范围内外 2 种情况下的目标函数进行合并，得到了新的目标函数，其中 $L(\omega,\ \delta,\ \alpha)$ 如式 (6-9) 所示，新目标函数如 (6-10) 所示：

$$L(\kappa,\ \delta,\ \alpha) = \frac{1}{2}\|\omega\|^2 - \sum_{i=1}^{n} \alpha_i [y_i(\kappa \cdot x_i + \delta) - 1] \tag{6-9}$$

$$\zeta(\kappa) = \begin{cases} \dfrac{1}{2}\|\kappa\|^2, & y_i(\kappa x_i + \delta) \geqslant 1 \\ +\infty, & y_i(\kappa x_i + \delta) \leqslant 1 \end{cases} \tag{6-10}$$

式中，α_i 为拉格朗日乘子，$\alpha_i \geqslant 0$；$\zeta(\kappa) = \max\limits_{\alpha_i \geqslant 0} L(\kappa, \delta, \alpha)$，从而对于原问题的求解可以表示为：

$$\min_{\kappa, \delta} \zeta(\kappa) = \min_{\kappa, \delta} \max_{\alpha_i \geqslant 0} L(\kappa, \delta, \alpha) = p^* \tag{6-11}$$

在求解双极值问题时，通过对目标函数参数求偏导并令其为 0，得到了关于 x_i，x_j，y_i，y_j 的函数，再通过正负关系转换将求极大值转化为求极小值，得到了如式（6-12）所示的目标函数及约束条件：

$$\min_{\alpha} \frac{1}{2} \sum_{i=1}^{n} \sum_{j=1}^{n} \alpha_i \alpha_j y_i y_j (x_i \cdot x_j) - \sum_{i=1}^{n} \alpha_1 \quad s.t. \sum_{i=1}^{n} \alpha_i y_i = 0 \quad (\alpha_i \geqslant 0, i = 1, 2, \cdots, n) \tag{6-12}$$

对于此类多元函数的非线性优化问题，可以通过引入惩罚参数 P，并采用 hinge 损失函数对其进行条件约束，则式（6-12）约束条件可改写为 $0 \leqslant \alpha_i \leqslant P(i = 1, 2, \cdots, n)$。在得到最优解 $\alpha^* = (\alpha_1^*, \alpha_2^*, \cdots, \alpha_n^*)^{\mathrm{T}}$ 后，计算 $\kappa^* = \sum\limits_{i=1}^{n} \alpha_i^* y_i x_i$，通过选择 α^* 中满足式（6-12）约束条件的值，计算 $\delta^* = y_j - \sum\limits_{i=1}^{n} \alpha_i^* y_i (x_i \cdot y_j)$，并获得经滑动点搜索后分离超平面：$\kappa^* \cdot x + \delta^* = 0$。则距离分离超频面最近的采样点 φ 即为所求的时间序列中信号变化点，从而完成了对时间序列中的待分类单一样本的检测和分割任务。其实现过程如图 6-11 所示。

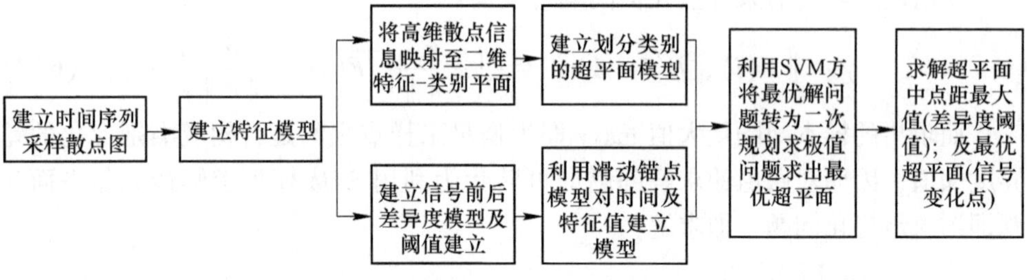

图 6-11 基于 SVM 的滑动点信号分割检测过程示意图

6.7.4 一维旗语信号特征函数建立

在基于 9 轴姿态传感器数据的旗语动作识别中，直接提取诸如信号均值、方差、偏度等信号特征较为常见。然而，在实验过程中发现，9 轴数据中加速度、角速度及磁偏角数据中存在信息重叠现象，因此采用常用信号特征提取方法时会出现计算量过大以及数据可视性较差问题。因此，在对原始数据进行主成分分析时，需要考虑因信息重叠而出现的“特征冗余”情况。在旗语信号检测过程中，将原始 9 轴信号进行特征提取组成特征集 $F=[f_1, f_2, \cdots, f_m]$，再通过建立主成分 $C=[C_1, C_2, \cdots, C_r]$（其中，$r$ 为最终选取的融合特征），将所有特征表示为线性组合：

$$C_i = a_{i1}f_1 + a_{i2}f_2 + \cdots + a_{im}f_m \quad \forall i \in \{1, \cdots, r\} \tag{6-13}$$

式中，a_{ij}通过原始数据特征值确定；C_i 为线性组合方差最大者。

通过比较各类特征对累计方差贡献值大小，最终选取了基于加速度 a、角速度 ω、磁偏角 θ 数据下的 3 类主要特征，分别为信号均值 μ，峰值 P 和能量 E。由于后续的特征融合过程需对 3 类特征进行线性融合，因此将 3 类特征转化为无量纲指标，分别为脉冲指标 I，峰值因子 C，以及波形因子 W，计算公式如式 (6-14)~式 (6-16)，其中，Z_{rms}为信号均方根值。

$$I = \frac{P}{\mu} \tag{6-14}$$

$$C = \frac{P}{Z_{\mathrm{rms}}} \tag{6-15}$$

$$W = \frac{Z_{\mathrm{rms}}}{\mu} \tag{6-16}$$

从而将旗语信号中任一采样点的表示为特征形式，即：$f_i=(I_i, C_i, W_i)$；同时利用多尺度特征融合思想，将类别-特征平面中，参量 x_i 表示为 3 个主要特征分量的矢量和，即：

$$x_i = \sqrt{I_i^2 + C_i^2 + W_i^2} \tag{6-17}$$

6.8 数据导入及差异度函数阈值确定

在建立原始样本与融合特征的函数模型后，通过导入 9 轴信号数据，利用 SVM 对超平面进行搜索，从而确定了判别前后样本差异度的阈值 λ。表 6-2 所示为不同阈值 λ 情况下对于 7 个原始信号的不同检测分割结果，已知每个原始样本中共计 4096 个采样点，包含 20 类基本旗语动作。

表 6-2 不同 λ 值下 7 类原始信号检测分割情况

信号	划分样本类别数			各类信号长度标准差（s. d.）			划分样本中关键信息平均占比/%		
	$\lambda=3$	$\lambda=4.5$	$\lambda=6$	$\lambda=3$	$\lambda=4.5$	$\lambda=6$	$\lambda=3$	$\lambda=4.5$	$\lambda=6$
信号 1	22	21	18	0.72	0.36	0.94	84.9	82.3	54.3
信号 2	21	20	19	0.83	0.41	1.03	80.4	79.4	67.2

续表 6-2

信号	划分样本类别数			各类信号长度标准差（s. d.）			划分样本中关键信息平均占比/%		
	$\lambda=3$	$\lambda=4.5$	$\lambda=6$	$\lambda=3$	$\lambda=4.5$	$\lambda=6$	$\lambda=3$	$\lambda=4.5$	$\lambda=6$
信号 3	22	20	20	0.86	0.33	1.06	85.6	84.5	83.2
信号 4	23	20	17	0.54	0.24	0.83	78.4	76.3	63.2
信号 5	22	20	20	0.26	0.08	0.61	85.3	84.6	81.3
信号 6	21	20	18	0.48	0.13	0.83	82.6	81.4	73.0
信号 7	20	19	19	0.79	0.22	0.55	79.2	77.5	75.6

通过观察表 6-2 中数据可以发现，随着 λ 值的不断增加，划分的单个动作样本长度在增加，因而划分出的样本类别减少；同时由于单个信号长度增加，因此样本中关键信息平均占比呈减少趋势。根据标准差比对发现，当 $\lambda=4.5$ 时，7 类信号的平均标准差较小，表明了样本之间的长度差异性较小。通过 7 类信号分割检测比对结果可以得出结论：当信号差异度阈值在 4.5 上下波动时，信号的分割检测效果最佳，从而确定了最终的类间信号差异度函数阈值。

6.9 小　结

本章主要对信号预处理任务中，一维时间序列信号分割检测算法进行改进，提出了一种基于滑动点搜索时间序列前后差异度函数阈值的信号变化点检测算法。

（1）通过建立样本特征融合方法，建立时间序列差异度函数模型；

（2）通过样本三维散点中，样本几何间隔这一参量来表征差异度函数阈值模型，并结合 SVM 超平面搜索理论对函数阈值进行确定；

（3）将采集到的原始 9 轴信号导入，通过对各类阈值下，所划分信号的长度标准差及关键信息占比进行比较，从而确定了一维长时间序列样本中的差异度函数阈值。

7 基于融合数据的一维及二维 CNN 旗语识别研究

本章对采集到的9轴传感器的旗语数据开展特征提取和分类研究，构建一维及二维模型。在一维 CNN 框架中，提出了一种基于方位角解算的9轴数据融合方法；而在二维 CNN 网络模型中，提出了一种基于 Inception-Resnet 双流网络框架。针对分类任务，设计了 CrossEntropy-Logistic 联合损失函数的分类模型。该模型有效解决了现阶段动作识别中存在的网络运行效率低、识别过拟合以及识别精度不足等问题，为动作识别领域提出了一种可泛化性算法模型。

7.1 基于时间序列的一维 CNN 网络

卷积神经网络属于前馈神经网络，其结构类似于生物视觉系统，其结构包含输入层、卷积层、池化层、全连接层及输出层，同时具有多个隐藏层堆叠的特点。CNN 网络结构可以看成是一种对输入信号通过逐层加工方式获得的最终输出结果，其中，每一层都会对上一层的输出进行处理直到最终输出层，其加工方式通常为矩阵或向量之间的卷积计算以及池化计算方式，而最终输出结果为各类样本的一维高阶特征向量。通过卷积计算方式，CNN 网络会把收集到的初始的、离散信息转变为具有线性关系的关联特征信息。简而言之，就是将复杂无关联的初始输入转变为可视化的分类结果，从而完成复杂的分类任务。

卷积神经网络的基本单位是也是神经元，CNN 运行过程中的主要特点为：稀疏交互（Sparse Interactions）、参数共享（Parameter Sharing）以及等边表示（Equivariant Representations）。由于本章所讨论的是基于一维 CNN 在对时序信号的处理，因此并未用到等边表示思想，在此不予以讨论。

传统卷积神经网络中，输入与输出通过向量或矩阵的卷积方式进行连接。整个网络系统中，任意一个输入单元与输出单元之间的连接都使用独立的参数，每一个输出单元均连接至上一层的所有输入单元，因此在实际卷积神经网络搭建任务中，需要对各层的参数进行设置，且运算过程极为复杂，运算量较大。而稀疏交互则不同，稀疏交互的特点在于输出单元与输入单元之间减少了大量的连接任务，对其中相关性较差的连接任务进行了省略，而只对其中关联性较强的连接任务进行卷积计算。在具体操作过程中，通过改变卷积核的大小使其远小于输入的大小来达到要求，从而在卷积神经网络计算过程中，所需要的存储参数将会更少，在减少了模型存储要求，提高统计效率的同时，大量减少了计算参数。图 7-1展示了卷积神经网络中稀疏连接与全连接的差异。

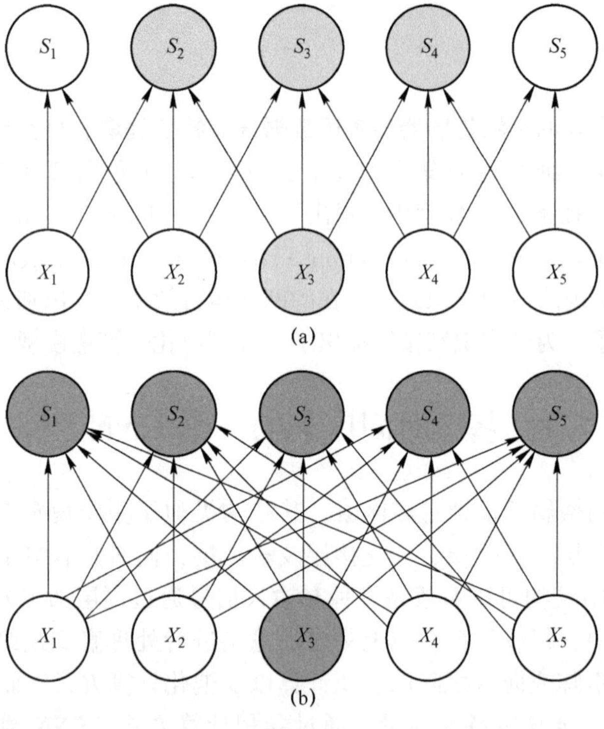

图 7-1　卷积神经网络连接方式

（a）稀疏连接，展示了输入单元 X_3 在稀疏连接过程中，只有 3 个输出单元受到其影响；

（b）全连接，展示了输入单元 X_3 在全连接过程中，所有输出单元均受到其影响

参数共享是指，在 CNN 模型运行过程中，层与层之间以及核与核之间对相似度较高的参数进行共用，同时可以跨层共享参数。具体表现为，传统的卷积神经网络在计算某一层 C_1 的输出时，这一层的所有参数 ω_1 仅用于当前层 C_1 与下一层 C_2 之间的连接计算。而在引入参数共享概念后，可以对其中的参数 ω_1 进行设定，不仅可以用于同等级层之间的连接计算任务；同时在卷积神经网络的反向传播过程中，如果有需要，同样可以作用于反向传播过程中输入与输出之间的反卷积计算任务。参数共享对于网络传播时间长度影响不大，但可以显著降低计算内存从而提升网络运行效率。

图 7-2 展示了卷积神经网络参数共享过程。

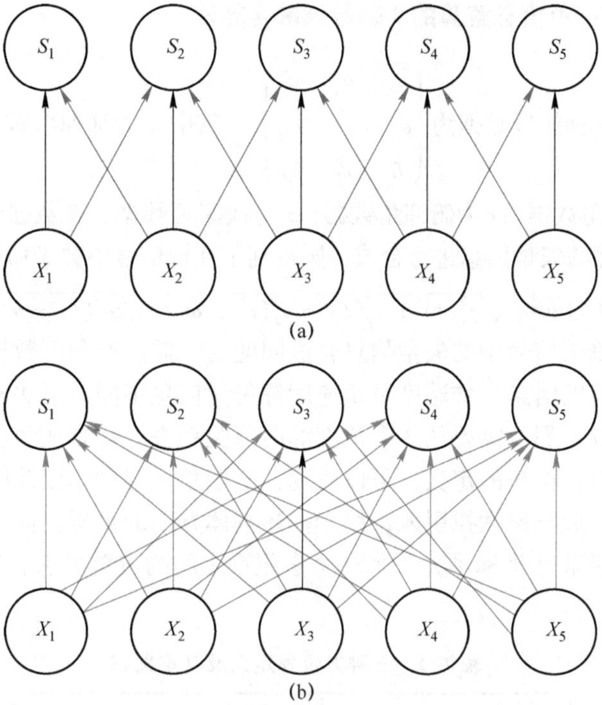

图7-2 卷积神经网络参数共享过程

(a) 参数共享，其中灰色箭头表示对卷积核中间元素使用；

(b) 非参数共享，其中单独的黑色箭头表示对权重矩阵中间元素使用

7.2 基于9轴旗语信号的一维CNN结构

上节介绍了卷积神经网络的基本工作原理及思想方法，本章将结合所采集的9轴传感数据对神经网络各层结构及参数设置进行分析说明。待分类的旗语动作样本的维度为1×100×9，包括3轴加速度、3轴角速度、3轴磁偏角信号。因此将输入通道设为9。而根据研究结果发现，将9轴信号直接输入至卷积神经网络中会产生极大的计算量，同时，由于传感器在数据采集过程中，旗语动作的变化并非与所有轴上的加速度、角速度以及角度数据变化量均具有较强的相关性，因此直接将9通道数据输入至卷积神经网络中会出现由于信息冗余而初始样本量不足所导致的过拟合现象。因此，在输入样本进入卷积神经网络前，首先需要对9轴数据进行融合处理。

7.2.1 基于方位角信息解算的 9 轴数据融合算法

令原始的 9 轴信号数据为$\begin{pmatrix} a_x & a_y & a_z \\ \omega_x & \omega_y & \omega_z \\ \theta & \psi & \varphi \end{pmatrix}$，其中 a 为加速度数据，ω 为加速度数据，θ 为磁偏角数据，ψ 为俯仰角数据，φ 为横滚角数据。在数据融合过程中，基于对方向不敏感的矢量信息进行合成，则得到了 9 轴信号中关于加速度及角速度的合成信息，分别为 $a=\sqrt{a_x^2(t)+a_y^2(t)+a_z^2(t)}$，$\omega=\sqrt{\omega_x^2(t)+\omega_y^2(t)+\omega_z^2(t)}$。

在解决了旗语信号中的矢量信息合成问题后，需要对角度数据这一标量信息进行合成，而角度信息与加速度及角速度等矢量信息不同，无法利用矢量相加方式对其进行合成。那么需要从 3 个角度的内部关系去寻找合成角度的方式。根据三维坐标系中对方位角的定义，可以发现，磁偏角、俯仰角以及横滚角均属于欧拉角，欧拉角由数学家欧拉引入，用于描述刚体方向的位置；同时，欧拉角也用于表示一个参照系（坐标系）和另一个参照系之间的位置关系。其定义如表 7-1 所示。

表 7-1　三种方位角定义及其定义域

方位角	磁偏角（declination）θ	俯仰角（pitch）ψ	横滚角（roll）φ
定义	载体的纵轴与全局坐标系平面的夹角	载体横轴与全局坐标系平面夹角	载体纵轴与全局坐标系平面的投影与全局坐标系横轴夹角
定义域	[−90°，90°]	[−180°，180°]	[0°，360°]

角度解算方法通常有以下 3 类：（1）欧拉角法；（2）方向余弦矩阵法；（3）四元数法。根据研究结果对比可以发现，在 3 类典型的角度结算方法中，四元数法虽然计算方式较为复杂，但与其他两类算法相比，不受“万向节锁”现象限制，这样可以使得传感器在动作采集过程中，即使俯仰角接近±90°时，仍然可以测出。因此，本章尝试使用四元数方法来对角度进行融合解析。

四元数 $\boldsymbol{q}$ 根据定义可以表示为：

$$\boldsymbol{q}=(x,\ y,\ z,\ w)=x\boldsymbol{i}+y\boldsymbol{j}+z\boldsymbol{k}+w \tag{7-1}$$

式中，w 是标量部分；$x\boldsymbol{i}+y\boldsymbol{j}+z\boldsymbol{k}$ 是矢量部分；$\boldsymbol{i}$，$\boldsymbol{j}$，$\boldsymbol{k}$ 是相互正交的单位向量，单位为 i，$\mathrm{i}=\sqrt{-1}$。同时，假设以佩戴的传感器所在的坐标系相对于全局坐标系进行旋转，设旋转角为 η，旋转轴为 n。同时，令 n 与全局坐标系各个轴之间的方向余弦值分别为 $\cos\alpha$，$\cos\beta$，$\cos\gamma$，从而可以将全局坐标系中任一向量表示为式（7-2）：

$$\boldsymbol{n} = \cos\alpha \times \boldsymbol{i} + \cos\beta \times \boldsymbol{j} + \cos\gamma \times \boldsymbol{k} \tag{7-2}$$

同样，四元数 $\boldsymbol{q}$ 可以用旋转角 η 以及向量$\boldsymbol{n}$表示为：

$$\begin{aligned}\boldsymbol{q} &= \cos\frac{\eta}{2} + \sin\frac{\eta}{2}\cos\alpha \times \boldsymbol{i} + \sin\frac{\eta}{2}\cos\beta \times \boldsymbol{j} + \sin\frac{\eta}{2}\cos\gamma \times \boldsymbol{k} \\ &= \cos\frac{\eta}{2} + \sin\frac{\eta}{2} \times \boldsymbol{n}\end{aligned} \tag{7-3}$$

根据式（7-3），可以发现通过引入旋转轴及旋转角参量，将四元数与转轴、转角建立联系，从而就可以利用四元数同以上3类方位角建立转换关系。根据方位角及四元数之间的转换关系，可以得出由欧拉角转化到四元数的公式：

$$\boldsymbol{q} = \begin{bmatrix} w \\ x \\ y \\ z \end{bmatrix} = \begin{bmatrix} \cos\frac{\varphi}{2}\cos\frac{\theta}{2}\cos\frac{\psi}{2} + \sin\frac{\varphi}{2}\sin\frac{\theta}{2}\sin\frac{\psi}{2} \\ \sin\frac{\varphi}{2}\cos\frac{\theta}{2}\cos\frac{\psi}{2} - \cos\frac{\varphi}{2}\sin\frac{\theta}{2}\sin\frac{\psi}{2} \\ \cos\frac{\varphi}{2}\sin\frac{\theta}{2}\cos\frac{\psi}{2} + \sin\frac{\varphi}{2}\cos\frac{\theta}{2}\sin\frac{\psi}{2} \\ \cos\frac{\varphi}{2}\cos\frac{\theta}{2}\sin\frac{\psi}{2} - \sin\frac{\varphi}{2}\sin\frac{\theta}{2}\cos\frac{\psi}{2} \end{bmatrix} \tag{7-4}$$

根据式（7-4），从而可得到四元数转化为欧拉角的公式：

$$\begin{bmatrix} \varphi \\ \theta \\ \psi \end{bmatrix} = \begin{bmatrix} \arctan(2(wx + yz),\ 1 - 2(x^2 + y^2)) \\ \arcsin(2(wy - xz)) \\ \arctan(2(wz + xy),\ 1 - 2(y^2 + z^2)) \end{bmatrix} \tag{7-5}$$

其中由于 arctan 与 arcsin 的值域在现有的定义域基础上只能达到 [- π/2, π/2]，而根据定义，俯仰角横滚角的取值范围超过[- π/2, π/2]，因此对其进行乘以2处理。

根据式（7-3），得到了欧拉角与四元数即运动向量之间的关系，同时再对其进行2范数处理，则得到了三轴方位角数据的融合信息 σ，其运算方式如式（7-6）所示：

$$\sigma = \|\boldsymbol{q}\|_2 = \sqrt{x^2 + y^2 + z^2 + w^2} \tag{7-6}$$

至此得到了原9轴信号中加速度、角速度以及方位角的融合信息。

7.2.2 卷积层设置

卷积层是网络核心部分，通常由一个或多个卷积核组成。当输入样本进入卷积层时，通过卷积核与输入样本进行卷积运算，再由偏置项对卷积后的数据进行误差修正，最后根据激活函数得到了不同卷积层中不同节点的输出特征。模型如图 7-3 所示。

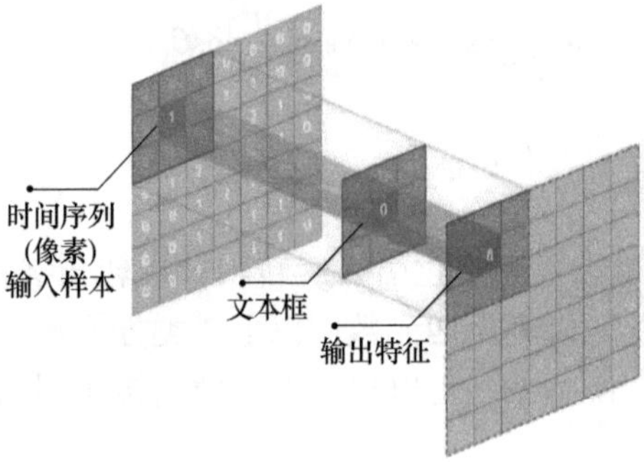

图 7-3 卷积层结构示意图

同时通过局部连接和权值共享可以有效降低网络复杂度，并减少参数数量，其卷积运算过程如式（7-7）所示：

$$\boldsymbol{x}_j^l = f(u_j^l) = f\left(\sum_{i \in M_1} \boldsymbol{x}_i^{l-1} \boldsymbol{k}_{ij}^l + \boldsymbol{b}_j^i\right) \tag{7-7}$$

式中，u_j^l 为卷积层 l 的第 j 个节点在特征映射未被激活前的值，它通过对前一层的输出特征 $\boldsymbol{x}_i^{l-1}$ 进行卷积操作后与偏置项相加所得；$\boldsymbol{x}_j^l$ 为卷积层 l 的第 j 个特征映射的输出；M_1 为第一层输入特征子集；$\boldsymbol{k}$ 为卷积核矩阵；$\boldsymbol{b}$ 为卷积后特征映射的偏置项；f 为激活函数，实验中采用 ReLU 函数，其公式如下：

$$f(x) = \max(0, x) \tag{7-8}$$

在一维卷积神经网络中，使用一维卷积核对输入信号进行特征提取，在对高位数据进行降维的过程中产生相应的中间特征序列（图谱），而每个中间特征序列都与神经元相连，同时神经元又通过局部连接方式与上一层的特征相连，通常在前项传播过程中，随着卷积层的不断加深，所提取的特征也逐渐从初始的浅层低级特征逐步向深层高级特征变化。然而，设置大量卷积层在提升网络特征表示能力的同时，会引起网络反向计算误差梯度时所产生的梯度消失现象，从而无法实现参数更新优化，同时还会出现过拟合现象影响动作识别准确率；同理，若卷积核数量过多也会增大网络计算量，并且增加网络运行时间。因此在实际应用中，需要根据输入样本维度来选择合适的网络层数以及设置卷积核个数、维度等参数，从而使得样本特征提取后获得较高识别率的同时提升网络运行效率。

基于此，实验中设置 2 层卷积层，根据输入样本数据，在第 1 个卷积层 Layer1-Conv1 中，设置卷积核维度为 1×10，通道数为 3，数量为 60，偏置项根据卷积核数量设为 60；在第 2 个卷积层 Layer2-Conv2 中，设置卷积核维度为 1×

5，通道数为20，偏置项个数设为10。在两卷积层中，均采用步长为1以及全0填充的卷积计算方式。

7.2.3 激活函数

激活函数用于传递上层节点输出与下层节点输入的特征信息，卷积神经网络与感知机的区别就在于激活函数。通常感知机网络算法默认为激活函数 $f(x) = x$，即输出信息等同于输入信息，如此，卷积神经网络中的隐藏层将无法作用于输入向量，从而导致大量相似但不相同类别的特征向量经过线性简单处理后直接错误分类，从而影响最终的分类准确率。常用的激活函数有ReLU、Sigmoid以及tanh函数，其图像分别如图7-4（a）~（c）所示。

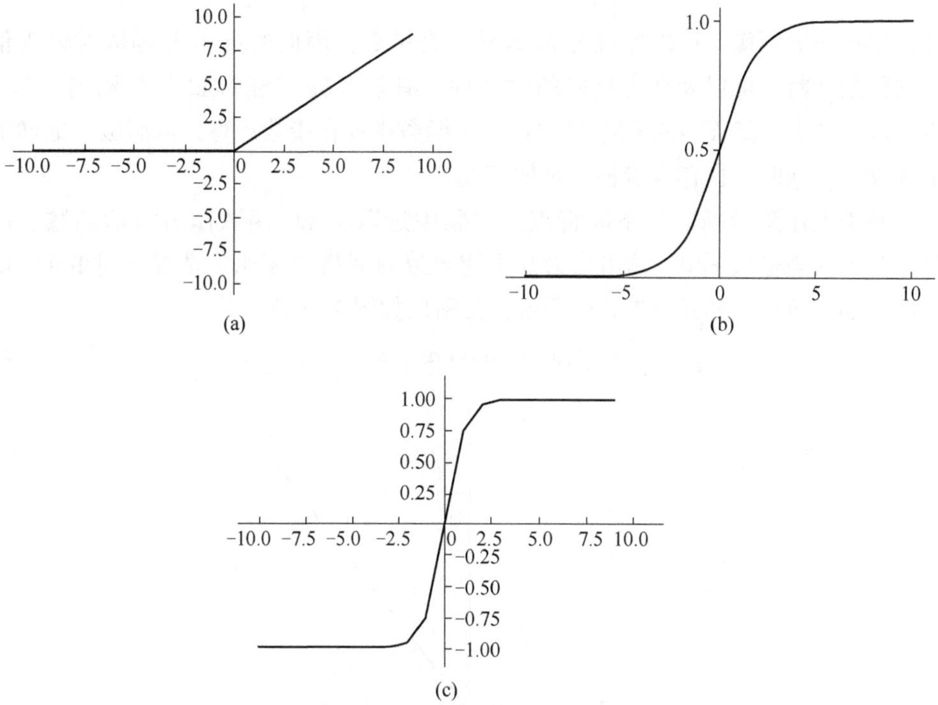

图7-4 常见的三类激活函数

（a）ReLU；（b）Sigmoid；（c）tanh

（1）ReLU公式为：$f(x) = \max(0, x)$，相较于其他两类激活函数，ReLU函数运用范围最为广泛。通过观察函数图像可以发现，相较于其他两类函数，ReLU函数能够保证在参数增长时不会出现梯度消失问题，且函数的拐点明显，在大于0的部分一阶导和二阶导差异明显，因此在后续的梯度优化及分类过程中，只需要通过求至多两阶梯度即可对大部分特征向量进行有效分类。

（2）Sigmoid 公式为：$f(x)=\dfrac{1}{1+e^{-x}}$，Sigmoid 激活函数在其定义域内易趋于饱和值，当 $x\gg 0$，Sigmoid（x）会无限趋于 1；当 $x\ll 0$，Sigmoid（x）会无限趋于 0，当 x 位于 0 附近时，梯度较大，输入信号的微小变化则会引起输出值的剧烈变化。由于这种输出的非 0 均值性影响，在基于梯度下降优化的算法中，会产生输入输出信号在不同区域出现极大的差异性，从而导致权值 ω 在求梯度时，其符号完全根据输入信号所定，从而使得收敛结果极为缓慢。因此 Sigmoid 函数很少被用于前馈网络中。

（3）tanh 公式为：$f(x)=\dfrac{e^{x}-e^{-x}}{e^{x}+e^{-x}}$，tanh 函数在 Sigmoid 函数基础上进行了改进，根据函数图像，可以发现 tanh 函数为奇函数，因而通过 tanh 函数对输入信息进行激活时，可以展现出良好的对称性，有效解决了 Sigmoid 函数输出不是 0 均值这一缺点。然而 tanh 函数的缺点在于函数中存在指数运算，从而极大地增加了计算量，同时，也存在着梯度弥散问题。

基于上述激活函数的不同特点，实验中选取 ReLU 函数作为激活函数。同时，为解决当输入 $x<0$，输出均为 0 可能导致的网络“坏死”情况，对 ReLU 函数做出如下改进，如式（7-9）所示，其图像如图 7-5 所示。

$$f(x)=\max(ax,\ x) \tag{7-9}$$

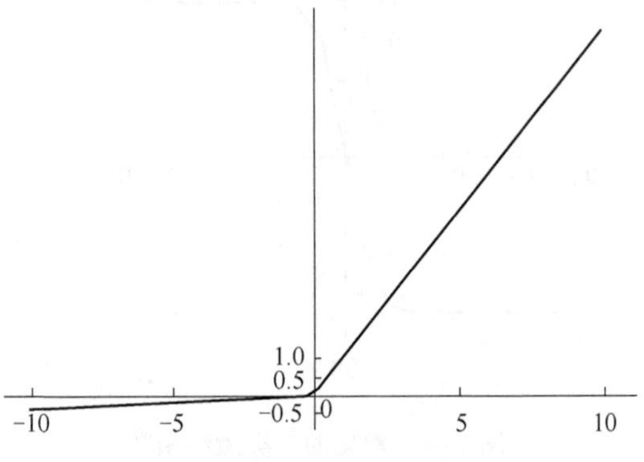

图 7-5 改进的 ReLU 函数（PReLU）图像

式（7-9）中，a 为远小于 1 的常数，在实验中，取 $a=0.0001$，如此，保证了在负数域内，函数仍存在极小的斜率，从而避免了输入值在仅负数区间内变化时所产生的网络“坏死”现象。

表 7-2 为一维 CNN 模型中各个参数设置情况。

表 7-2 一维 CNN 模型各层名称及参数情况

结构层（类型）	输出大小	参数数量	下一连接层
Layer1-conv1（Convolution1D）	（None，20，60）	6653	Layer1-conv1_input_1 [0] [0]
Layer-pool1（Maxpooling1D）	（None，9，60）	0	Conv1d_1 [0] [0]
Layer3-conv2（Convolution2D）	（None，5，10）	56164	Layer-pool1_1 [0] [0]
Layer4-fc1（Full Connection）	（None，1000）	183825	Layer3-conv2_2 [0] [0]
Dropout（Dropout）	（None，500）	0	Layer4-fc1_2 [0] [0]
Output（Dense）	（None，6）	7546	Dropout [0] [0]
参数总数：254188			

7.2.4 池化层设置

池化层通常位于卷积层之后，通常用于调整卷积层的输出信息，并与卷积层中的元素对应连接；且不同的池化核对应卷积层中的不同区域，不同的池化核接受域可以重叠但不同的层级之间区域不重叠。通常，池化层的单元矩阵深度不会比上一层的单元矩阵更深，但是它能在宽度和高度方向缩小矩阵大小。池化层的主要作用在于通过对输入信号中局部区域进行统计特征描述，提取其中具有代表性的元素，从而代替原输出，因此池化层在一定程度上能够减少网络参数常用的池化方法有最大池化以及平均池化。其中，最大池化以及平均池化的计算过程分别如式（7-10）和式（7-11）所示：

$$X_i^{l,j} = \max(x_{i,j}) \tag{7-10}$$

$$X_i^{l,j} = \frac{1}{N} * \left(\sum_{i-1,\ j-1}^{n} x_{i,j}\right) \tag{7-11}$$

式中，$X_i^{l,j}$ 为进行池化后局部的第一个输出项，其结构及运算方式如图 7-6 所示。

在实验中，将池化层个数设为 1，位于卷积层 Layer1-Conv1 和 Layer1-Conv2 之间，根据卷积层 Layer1-Conv1 的输出结果，设置池化核大小为 1×1，步长设为 20，采用全 0 填充方式。

7.2.5 全连接层设置

全连接层通常位于网络末尾位置，主要用于对卷积以及池化作用后的特征向量的“分类”任务，但与最终的分类器分类任务不同，全连接层并未将原输入

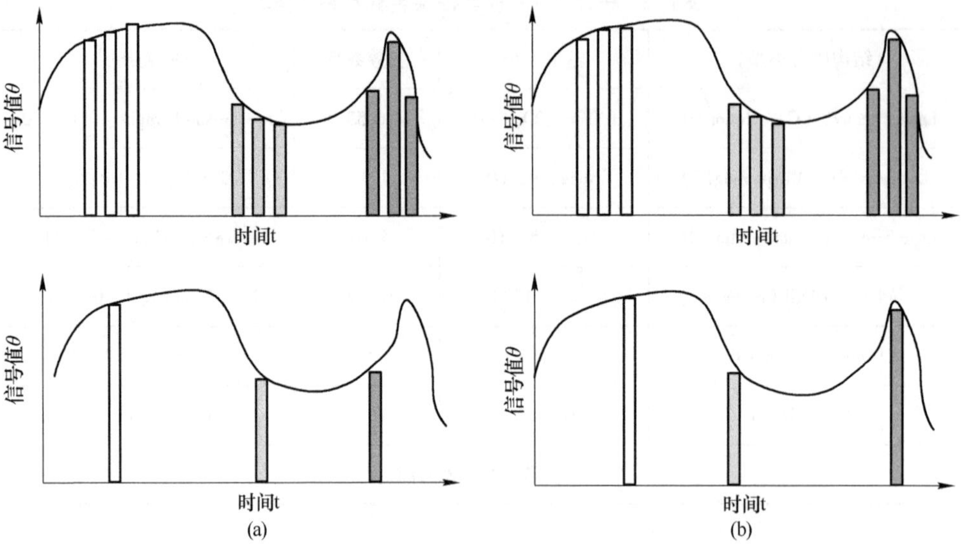

图 7-6 池化层结构示意图
(a) 平均池化；(b) 最大池化

特征向量向初始分类类别划分，而是将卷积层以及池化层中对原始输入学习到的离散型特征通过维度转换方式映射至样本标记空间。假设待分类动作类别为 A、B、C、D，其中，各类动作的特征信息向量分别为（a_1，a_2，a_3，…，a_n）、（b_1，b_2，b_3，…，b_n）等全连接层的作用在于将待分类动作的原始输入信息转变为具有各类动作特征信息的向量。在获得这些能够代表样本类别的特征向量后，再通过 ReLU 等激活函数对其进行预测，从而获得直观且易于分类的值（如One-Hot 值）从而提升 CNN 网络性能。最后将全连接层的输出值再传输至输出层，通过 softmax 层对输出的特征向量进行分类。

在全连接层中，若上一层的池化层或卷积层为 l 层，则其输出全部传至全连接层，全连接层输出公式如下：

$$C(x) = f(\omega^l \cdot \boldsymbol{x}^l + b^l) \tag{7-12}$$

式中，$\boldsymbol{x}^l$ 为输入特征向量；f 为激活函数；b^l 为偏置值；ω^l 为连接神经元之间的权值；$C(x)$ 为中间输入特征向量经全连接层后的输出。其结构如图 7-7 所示。

从图中可以看出，全连接层也是一种对中间特征进行不断简化的降维层，从高度和宽度两方面同时进行降维，将其从高维复杂特征矩阵（特征图）转变为一维线性特征向量，再经由 Softmax 层再一次对一维向量进行深度上的降维，从而得到了待分类的输出特征向量。在本次试验中，将全连接层个数设置为 1，同时，将隐藏节点数设置为 1000。

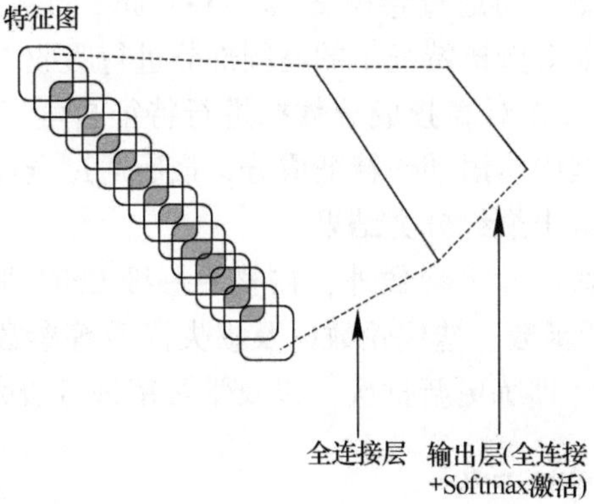

图 7-7 CNN 全连接层结构示意图

7.3 旗语动作识别一维网络训练参数设置

在上节中，已对一维 CNN 网络中基本结构进行了设置，图 7-8 为实验中一维 CNN 整体结构。通过图 7-8 可以直观清晰地看到，在整个基于 9 轴旗语动作信号的一维 CNN 网络中，将卷积层个数设为 2，池化层以及全连接层均设为 1，通过数据融合层对 9 轴旗语动作数据进行 3 通道融合，在原网络模型基础上，降

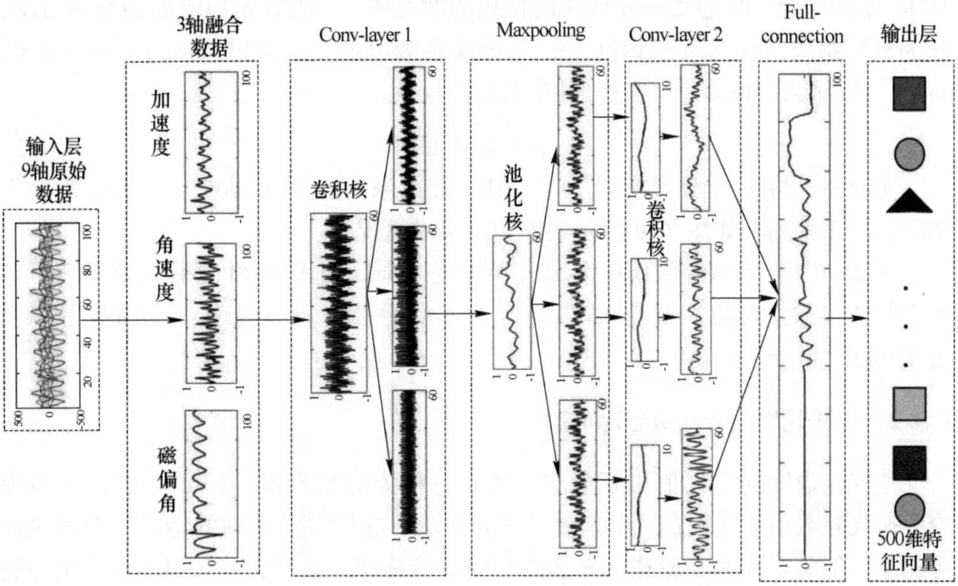

图 7-8 基于 9 轴融合数据的一维卷积神经网络结构

低了约 33%的计算参数，再通过卷积核 Layer1-Conv1 对数据进行频谱特征提取，利用池化层 Maxpooling 对频谱特征中的高频部分进行吸收，并滤除低频部分，再利用卷积层 Layer1-Conv2 对高频成分数据进行特征自学习过程，通过不断的迭代训练，从而提取数据中旗语动作特征成分，最后通过全连接层对提取的特征进行特征向量表示，并输出最终分类结果。

除卷积核及池化核尺寸等参数外，在整个一维 CNN 训练过程中，还需要对学习率（梯度）、激活函数、迭代轮数以及损失函数等参数进行设置，本节将对激活函数、迭代轮数（训练更新批次）以及学习率进行研究讨论。

7.3.1 学习率（learning rate）

学习率通常用于控制梯度下降中参数更新的幅度，而基于梯度的优化通常是指通过改变目标函数中的参数使得目标函数在全局取得最大或最小值。简而言之，对于一个待优化函数 $O(\omega)$，其梯度相当于导数 $\partial\frac{O(\omega)}{\partial x}$，通过设置学习率，决定了每轮迭代后的更新参数值，若学习率过小，则会导致训练周期过长，从而占用网络计算内存，且在有限周期内未必能够达到收敛；同样，若学习率过大，则会导致函数在迭代过程中处于“振荡”状态，即每轮迭代的更新值在全局最优值附近摆动，但无法达到最优值。因此，为设置较为合适的学习率，本节利用 TensorFlow 中的 train. exponential_deccy（）函数，对学习率进行指数形式衰减，具体方法为：令 dlr 为每一轮优化时使用的学习率，lr 为事先预定的初始学习率，dr 为衰减系数，ds 为衰减速度，gs 为全局衰减速度。从而可将train. exponential_deccy（）函数会以式（7-13）的形式进行反馈：

$$\mathrm{dl} = \mathrm{lr} \times \mathrm{dr}^{\frac{\mathrm{gs}}{\mathrm{ds}}} \tag{7-13}$$

实验中，将初始学习率设为 0. 001，衰减系数设为 0. 005，衰减速度设为 1000，从而得到了如图 7-9 所示的学习率衰减情况。

根据图中学习率指数衰减情况可以发现，全局迭代 5000 轮后，全局学习率处于收敛状态，大约在 0. 0002 以下，为方便后续计算，故而将全局学习率设为 0. 0001。

7.3.2 迭代轮数（training epoch）

迭代轮数即网络权值更新频率，通常也称为更新批次（batchsize）。虽然理论上迭代轮数由数量限制，如若迭代轮数过大，在同等学习率的情况下会加快训练速度，但需要通过多轮迭代来达到相同的准确率；而迭代轮数过小又会增加迭代次数从而浪费计算资源并导致网络无法收敛。但在实际应用中，对于迭代轮数的选择空间较为宽泛，同时基于样本总量，最终实验中选取每轮迭代次数为 500。

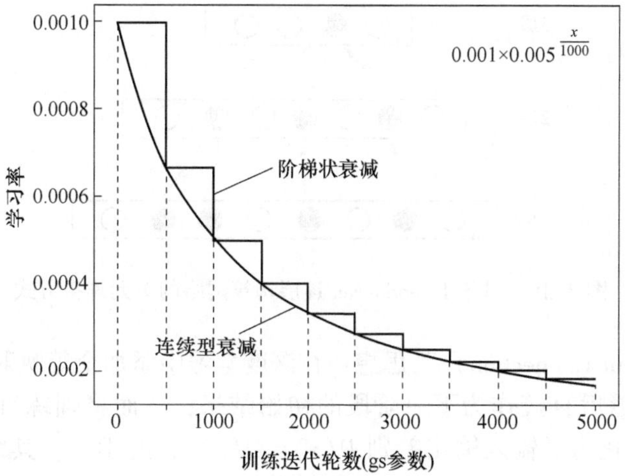

图 7-9　学习率衰减情况

7.3.3　网络训练

在完成对一维卷积神经网络的构建任务后，下一步即对卷积神经网络进行训练，首先对权值、偏重等参数进行初始化；通过前向传播方式进入图 7-8 所示的网络中，从而得到输出特征向量；再求出网络输出值与实际值之间误差，将误差反向传播至神经网络中，从而根据各层的误差梯度对卷积层参数进行更新，并再次循环前向传播过程，直至输出值与期望值之间误差满足条件，则训练完成。

7.4　Inception-ResNet 二维卷积网络模型

Inception 和 Resnet 网络近年来是两类应用较为广泛的卷积神经网络模型，Inception 模型最早在 2014 年提出并用于手写数字识别；相较于传统的 AlexNet 和 VGGNet，Inception 网络在提升模型深度的同时，避免了网络参数的过度增长以及训练过程中的过拟合现象，Inception 网络的创新性在于用小的密集型的卷积核来替代卷积神经网络中的局部稀疏结构。据此可以总结出深度学习中卷积神经网络的发展特点，从一代的全连接结构方式到二代的稀疏共享结构方式再到三代的小型密集化结构方式，图 7-10 则展示了 Inception 网络中密集型结构特点。

ResNet（Residual Neural Network）模型最早在 2015 年由何恺明等提出，其创新性在于通过建立残差学习单元（残差块）引入了一种“身份近路连接

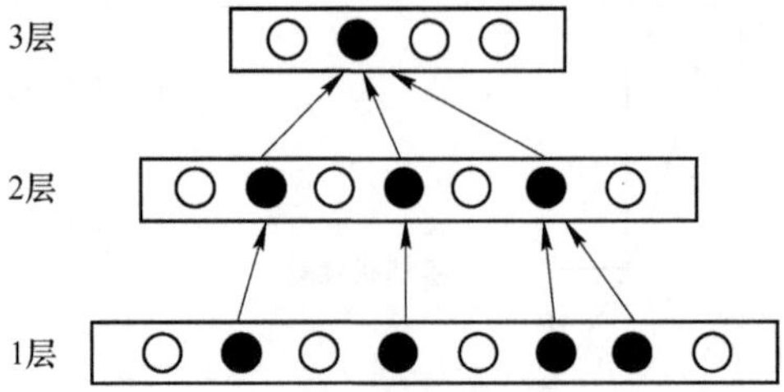

图 7-10 基于 InceptionNet 逐层构筑网络的单元连接方式

(Identity Shortcut Connection)”思想：在深度学习中添加全等映射层，使得原始输入 x 经其传播后直接作为下一阶段的初始结果，从而将训练目标中对原输出 $O(x)$ 的学习转化为对输入输出差别 $D(x)=O(x)-x$ 的学习，其结构如图 7-11 所示。

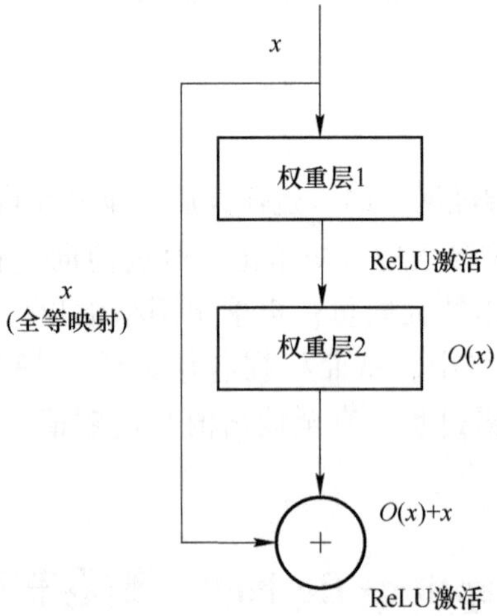

图 7-11 ResNet 全等映射层网络结构

根据 2 种 CNN 网络性能可以发现：Inception 网络主要是对特征维度的利用，而 ResNet 网络更关注网络深度提升后的损失函数收敛问题。从而研究人员对 2 种网络模型的结合提出构想，早在 2014 年 Simonyon 等首先提出了应用双流网络解决动作视频数据中的帧分类问题，其中包含了空间和时间卷积神经网络。其中，空间网络输入主要为视频帧中的静态 RGB 图片，通过对图像中的目标信息进行检测识别获得了视频中对象信息；而时间网络输入主要为视频中的流动帧序列，通过其中时间序列的变化来获取视频中包含的运动信息。利用双流网络分别在标准数据集中进行训练，获得了 90%以上的识别准确率；此类双流网络特征提取任务模式类似于电路中并联电路的工作特性，通过设置 2 类不同网络，分别对同一输入的不同部分进行分解处理。据此，郑州大学研究人员提出了利用 ResNet 和 BN-inception 作为基础网络，并通过其深层的网络结构来描述人体动作时空特性，其中，利用 ResNet 对空间信息进行提取，利用 BN-inception 对时间信息进行提取；根据前文中对于 ResNet 的性能分析，残差网络结构优势在于信号可由第一层输入至后续任意一层，从而能够避免神经网络前向传播过程中由于卷积层深度不断提升而导致的梯度消失问题。因此在对空间信息提取应用中，通过残差块的引入，能够很好地避免空间网络中图像信息的缺失问题，同时通过残差网络对特征的归一化处理，很好地解决了内部协变量转移问题，从而加快了网络的收敛速度。而对于 Inception 对时间网络的特征处理任务中，通过 Inception 模块叠加形式构造网络，具体而言，使用两个 3×3 卷积核代替原先的 5×5 卷积核，同时将 3×3 卷积核替换为 1×3 及 3×1 卷积核，这样根据卷积神经网络参数计算公式，可将计算参数在原来的基础上降低 33%，并且建立了更多非线性变换以增加网络对特征的学习能力。

就目前研究现状而言，Inception-ResNet 网络多用于图像或时频数据识别任务，而将 Inception-ResNet 网络运用到时间序列数据集识别任务中的应用较少，主要原因为：（1）相较于手写数字以及人脸数据等公开数据集，基于姿态传感器的动作数据集数量偏少；（2）传感器数据集大多为 3 轴或 9 轴数据，因此数据格式通常为 $3\times n$ 或 $9\times n$ 的矩阵格式，而深度信息通常会缺失。因此采用 Inception-ResNet 模型时，会出现因深度信息缺乏而 Inception-ResNet 网络结构深度过深在特征提取过程中出现特征维度不平衡问题从而导致最终结果出现过拟合问题。因此，本章在利用 Inception-ResNet 网络处理 9 轴传感器数据时，将重点对以上 2 类问题进行研究分析。

Szegedy 等通过将 Inception 和 ResNet 结合，设计了多种 Inception-ResNet 结构，其中重点为 Inception-ResNet-v1（在 Inception-v3 基础上加入 ResNet）和 Inception-ResNet-v2（在 Inception-v4 基础上加入 ResNet），而其基础网络均为 Inception-ResNet，其结构如图 7-12 所示。

在 Stem 网络结构中，将输入设置为 299×299×3。其中，Stem 结构如图 7-13 所示，通过 6 次卷积操作及 1 次池化操作，将原先输入由 299×299×3 转变为 35×35×256，压缩其高度和宽度信息并增加深度信息。

Inception-ResNet 为残差层，分为 Inception-ResNet-A、Inception-ResNet-B、Inception-ResNet-C 3 类，其结构如图 7-14～图 7-16 所示。在网络中，将 Inception-ResNet-A 及 Inception-ResNet-C 重复 5 次，将 Inception-ResNet-B 重复 10 次，经过 3 类网络中多路卷积残差模块，由 Stem 输出的原始特征图经 ReLU 激活函数后进入右路通道进行组合卷积运算：通过张量连接、残差结构后，再进入 ReLU 中进行激活处理，其步长默认为 1，在 Inception-ResNet-B、

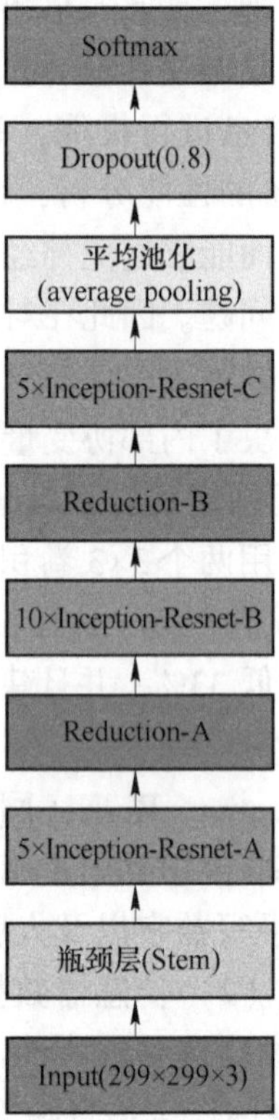

图 7-12 Inception-ResNet 网络架构

Inception-ResNet-C 结构中，右路卷积将 7×7 和 3×3 卷积核分解成 1×7、7×1和 1×3、3×1 等卷积核，提高了网络运算性能并加深了网络深度及非线性。

Reduction 为降维层，分为 Reduction-A 和 Reduction-B 2 类，其结构如图 7-17和图 7-18 所示。其中，Reduction-A 中含有 4 个参数 k，l，m，n，其对应值分别为：192，192，256，384。将 35×35×256 的输入经左路 3×3 卷积操作，右路 3×3 最大池化操作，并经过主路的 1×1、2 个 3×3 卷积操作后分别得到 3 个不同深度的同尺寸输出，再将其进行代数叠加，得到 17×17×896 的输出结果。在 Reduction-B 网络结构中，输入为 Inception-ResNet-B 网络的输出，大小为 17×17×896，经过最左路的 3×3 最大池化层，以及 3 路并行卷积层结构最终得到了大小为 8×8×1792 的输出，再经过平均池化层后，得到了 1×1×1792 的输出，通过 dropout 层保留原始神经网络中 80%的神经元，达到去除冗余特征的目的，从而避免过拟合现象的出现，最终经由 Softmax 层输出分类结果。

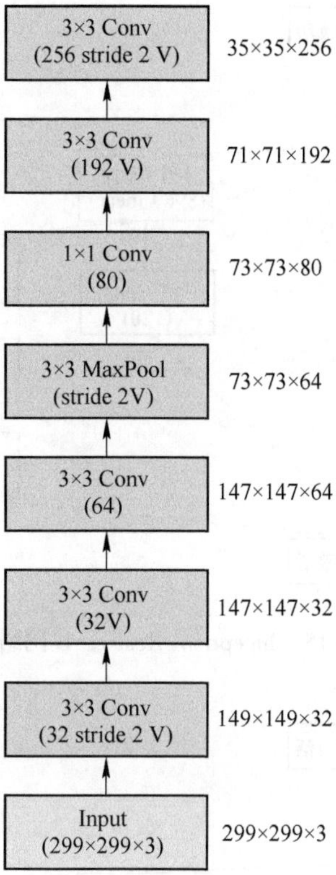

图 7-13　Inception-ResNet 中 Stem 结构

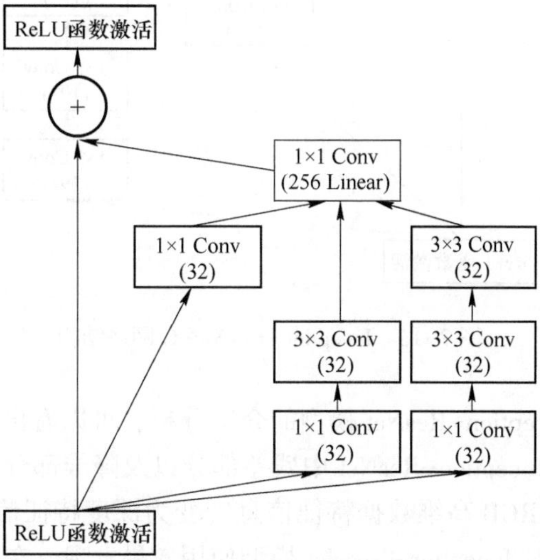

图 7-14　Inception-ResNet-A 网络结构

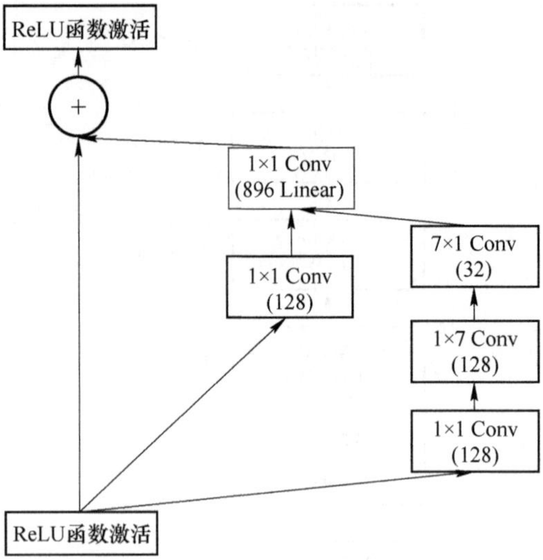

图 7-15 Inception-ResNet-B 网络结构

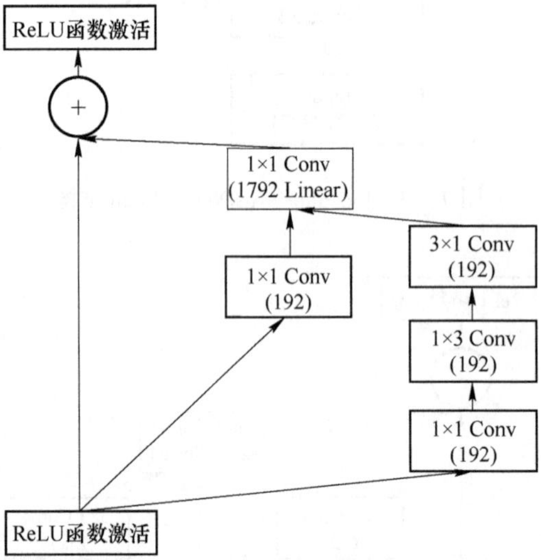

图 7-16 Inception-ResNet-C 网络结构

根据上述对 Inception-ResNet 模型的介绍分析，可以看出：原始数据由 299×299×3 的维度经由 Inception-ResNet 中残差部分以及降维部分后，维度转变为 1×1×1792，将原先的 RGB 高维数据特征信息转变为深度特征信息，从而直接对样本进行分类。根据对 Inception-ResNet 模型使用效果发现，在 Inception v3 基础上引入残差网络跳跃连接方法后，网络深度大大加深，并且有效解决梯度消失、梯

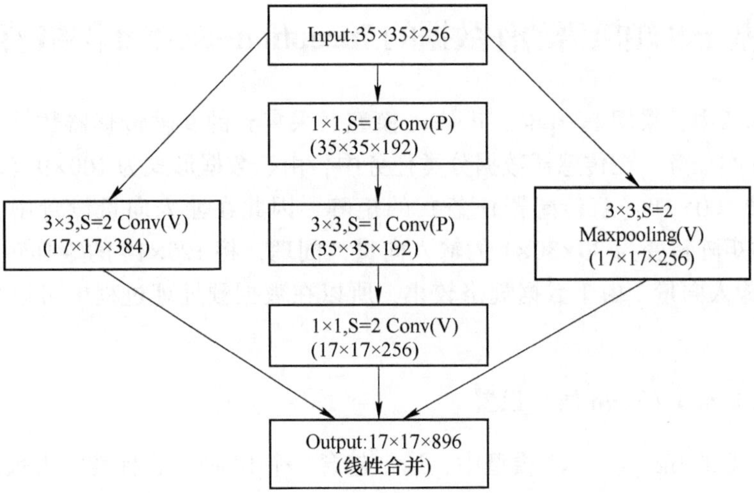

图 7-17 Reduction-A 网络结构

S—步长；P—全“0”填充；V—不填充

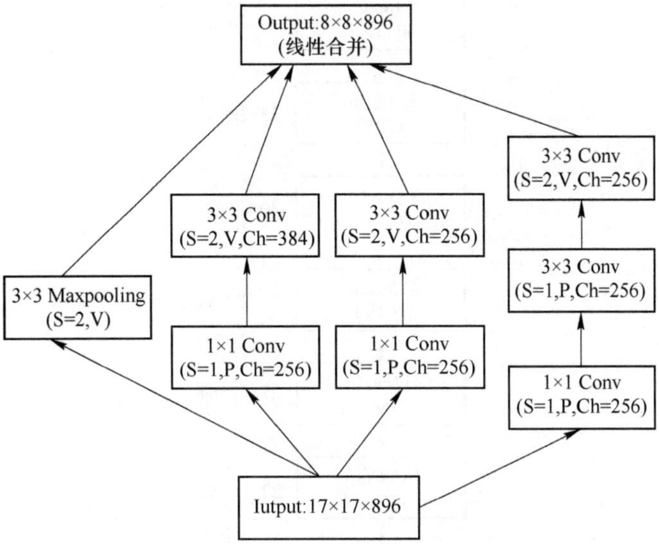

图 7-18 Reduction-B 网络结构

S—步长；P—全“0”填充；V—不填充；Ch—通道数

度爆炸问题；同时，对卷积核进行分解能够大幅度提升计算能力，增加网络非线性，提升网络泛化性能。

7.5 基于 9 轴旗语动作数据的 Inception-ResNet 网络模型构建

在本章中，采用 Inception-ResNet 模型对采集到的 9 轴传感器数据进行特征提取和分类任务。在传感器数据分类任务中，由于数据形式为 100×9（单传感器任务）和 100×18（双传感器任务）的矩阵，因此在输入向量设置中，首先将 100×9 的矩阵转变为 30×30×1 的输入向量，同理，将 100×18 的矩阵转变为 30×30×2 的输入向量，由于数据规格较小，所以在数据预处理过程中可以略过下采样过程。

7.5.1 Block 1（Stem 层）设置

在一般的 Inception-v2 模型中，通常包含 9 个 Block，且标准输入数据维度至少为 139×139，且 299×299 是标准输入尺寸，而在本实验中由于输入维度较小，因此只采用前 4 个 Block。首先设置 Block 1 瓶颈层，其结构如图 7-19 所示。在通过 Stem 层后，将原始加速度信号由 30×30×2 的维度转变为 18×18×192 维度，再将其作为 Inception-ResNet 层的输入。

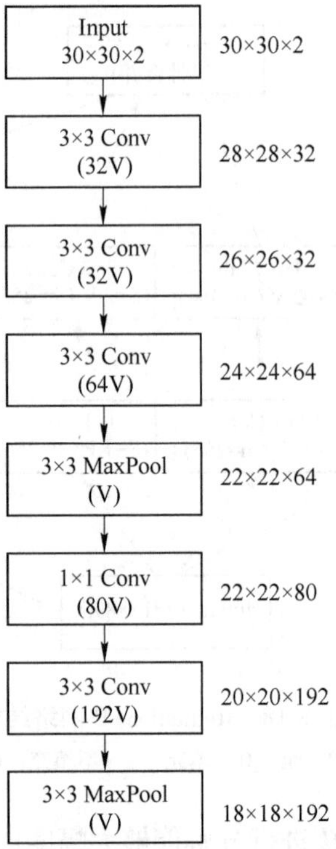

图 7-19 Block1 stem 层结构

7.5.2 基于深度可分离卷积的 Block 2（Inception-ResNet 层）建立

Inception-ResNet 层作为二维 CNN 中的核心层，由残差结构和分块卷积结构组成，其中，左路残差结构保留了原输入中的深度信息，而在右路分块卷积结构中，将 5×5 卷积核分解为 2 个 3×3 卷积核和 1 个 1×1 卷积核并对上一层中的 ReLU 函数激活结果进行卷积操作，将卷积得到的结果再输入 Linear 线性卷积层，从而将原始输入中的非线性特征转为线性特征，同时，再将左右两路得到的卷积结果进行加和，再利用 ReLU 函数进行激活，得到了维度为 18×18×384 的输出向量。其中，Inception-ResNet 结构如图 7-20 所示。

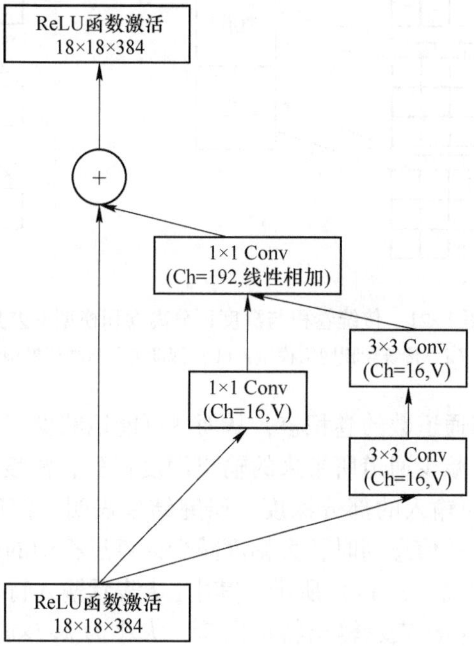

图 7-20　Block 2 Inception-ResNet 结构示意图

为进一步提升 Inception-ResNet 增加网络宽度，同时减少网络计算参数，本实验提出利用深度可分离卷积代替 Inception 网络结构中原始的 Reduction-A 卷积块。深度可分离卷积在传统卷积过程基础上进行了分解，主要分解为通道卷积和逐点卷积，以本实验所采集的双传感器旗语信号为例，输入为 30×30×2，图7-21 展示了传统卷积与深度可分离卷积之间的差异。

根据图 7-21 可以发现，深度可分离卷积并未改变原卷积过程中输出通道数，因此并未影响特征向量的表达方式；但相较于传统卷积神经网络，深度可分离网络针对输入信号中每一通道均设立单通道独立的卷积核，而并未像传统卷积一样

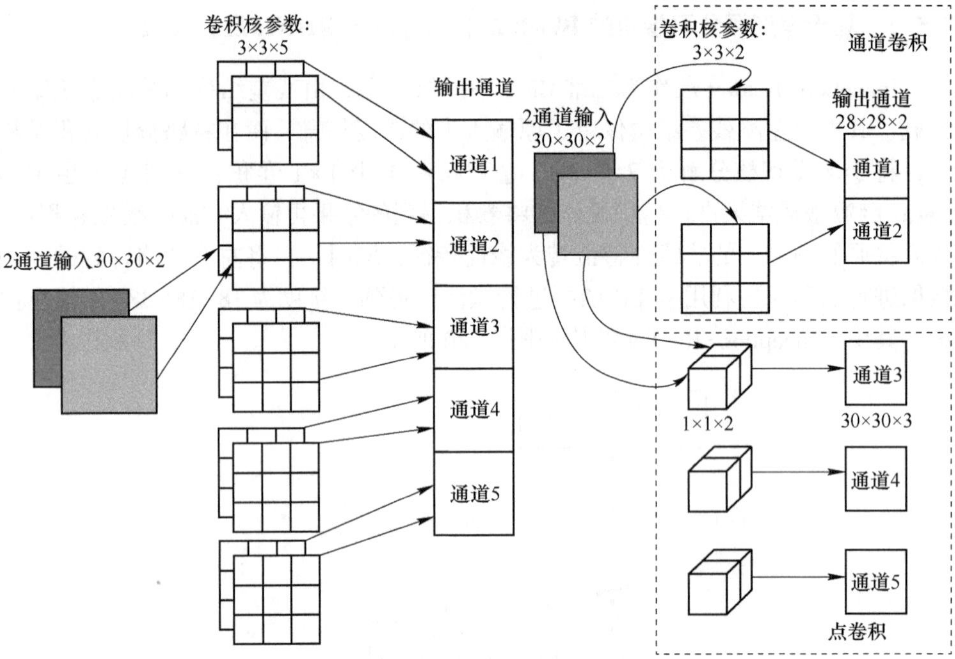

图 7-21 传统卷积与深度可分离卷积模型的差异
(a) 传统卷积网络模型；(b) 深度可分离卷积模型

对每一通道重复使用通道数的卷积核，从而尽可能地减少了传播过程中的深度信息占用。而为了弥补减少通道所带来的输出深度损失，深度可分离通过增加了 1×1 的卷积核来保留原输入的部分深度，研究结果表明，深度可分离卷积可以在保留原始输入中的有效信息同时，大幅度减少计算过程中的内存占用空间。

传统卷积方式如式（7-14）所示，其中，$\boldsymbol{I}$ 表示输入特征向量，大小为（$k+i-1$）×（$i+j-1$）×m；$\boldsymbol{O}$ 表示输出特征向量，大小为 $k\times l\times n$；$\boldsymbol{K}$ 表示卷积核，其大小为 $i\times j\times m$，数量为 n。式（7-14）展示了输出特征向量维度和输入特征向量及卷积核维度之间的运算关系。

$$\boldsymbol{O}_{k,\ l,\ n}=\sum_{i,\ i}\boldsymbol{K}_{i,\ j,\ n}\boldsymbol{I}_{k+i-1,\ i+j-1,\ m} \tag{7-14}$$

式（7-15）和式（7-16）所示为深度可分离卷积后，输出特征向量和输入及卷积核之间的关系，其中，$\boldsymbol{K}'$ 代表深度卷积运算中卷积核，大小为 $i\times j\times m$；$\boldsymbol{P}$ 为点卷积运算中卷积核，大小为 $1\times 1\times m$；卷积核个数为 n。通过式（7-15）和式（7-16）可以发现：在深度可分离卷积中，输出特征向量是由输入特征向量经过 2 次卷积变换所得。在第 1 次卷积过程中，深度可分离卷积运算与普通卷积过程相同，不同之处在于：深度可分离卷积过程先利用较为浅层的卷积核将输入向量变换至大小与输出向量相同；在第 2 次卷积过程中，利用一个一维的深度卷积核再对中间输出向量 $\boldsymbol{O}'$ 进行卷积运算，在维持向量大小不变的情况下，将深度调整为所需求的输出特征向量深度。图 7-22 所示为深度可分离卷积结构；图 7-23和图 7-24 分别展示了 Reduction-A 降维层中传统的卷积块和深度可分离卷积块。

$$\boldsymbol{O}'_{k,\ l,\ m} = \sum_{i,\ j} \boldsymbol{K}'_{i,\ j,\ m} \boldsymbol{F}'_{k+i-1,\ i+j-1,\ m} \tag{7-15}$$

$$\boldsymbol{O}_{k,\ l,\ n} = \sum_{m} \boldsymbol{P}_n \boldsymbol{O}'_{k,\ l,\ m} \tag{7-16}$$

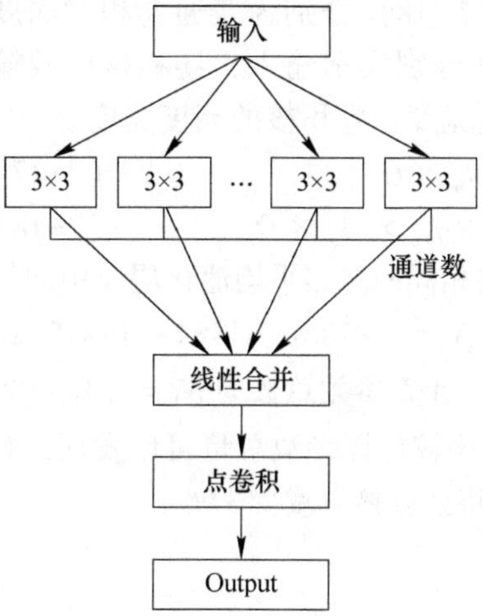

图 7-22 深度可分离卷积网络结构

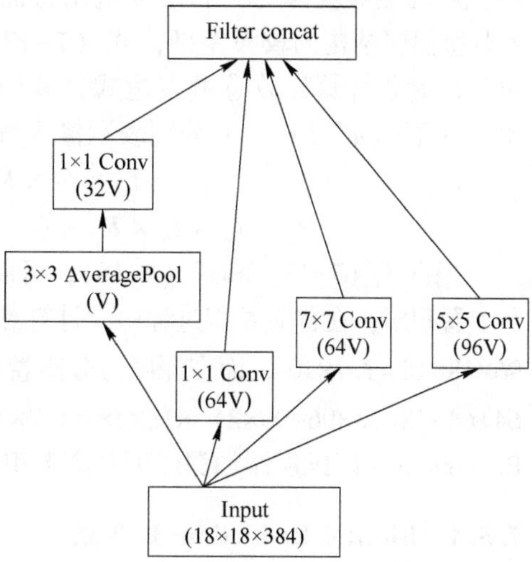

图 7-23 Reduction-A 传统卷积层结构

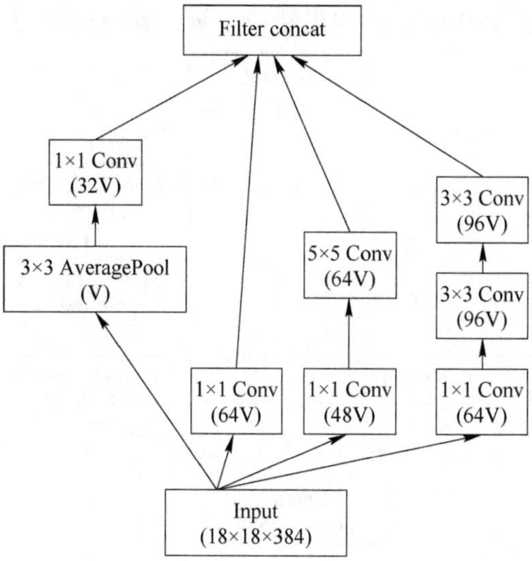

图 7-24 Reduction-A 深度可分离卷积层结构

7.5.3 Block 3 Reduction-A（降维层）建立

在得到 ReLU 函数激活后的输出向量后，将其作为 Block 3 Reduction 层的输入向量进行卷积和池化操作，其中 Block 3 由 3 个 Reduction（降维层）组成，将原始向量分别输入至传统卷积层以及深度可分离卷积层中。在 Reduction-A 深度可分离卷积层中，原先的 5×5、7×7 的卷积核被分解为 5 个 1×1 卷积核，2 个 3×3 卷积核和一个 3×3 池化核。根据卷积运算结果发现：传统卷积层和深度可分离卷积层均能够获得 18×18×256 输出特征向量。然而通过比较计算参量可以发现，2 类卷积层结构的较大差别，式（7-17）和式（7-18）分别为普通卷积和深度可分离卷积计算参数总量表达式，其中 I，K，O 分别表示输入、卷积核以及输出，而下标 w，h；i，o 分别表示输入输出的高度宽度；卷积核的高度宽度。

$$N_o = I_w \times I_h \times K_i \times K_o \times O_w \times O_h \tag{7-17}$$

$$N_{\mathrm{D}} = I_w \times I_h \times K_o \times O_w \times O_h + K_i \times K_o \times O_w \times O_h \tag{7-18}$$

根据式（7-17）和式（7-18），可以计算除去相同的左路平均池化层及中间的 1×1 卷积层，在普通卷积过程中，计算参数总数为 $N_o = 18\times18\times64\times18\times18+18\times18\times2\times96\times18\times18=2.7\times10^7$；而在深度可分离卷积过程中，计算参数总数为 $N_{\mathrm{D}} = (18\times18\times64+64+18\times18\times96+96\times2)\times18\times18=1.7\times10^7$。通过比较计算参数总量可以发现，对 Reduction-A 降维层添加深度可分离卷积层，可以将计算参数减少 37%。

7.5.4 Block 4 Reduction-B 建立

Block 4 Reduction-B 层中的输入为 18×18×256，输入特征经过 3 个 3×3 和 1 个 1×1 卷积核得到降维分解；同时，利用 3×3 的最大池化核提取原输入中局部关键特征，最终得到了 9×9×736 的输出特征向量，其结构如图 7-25 所示。

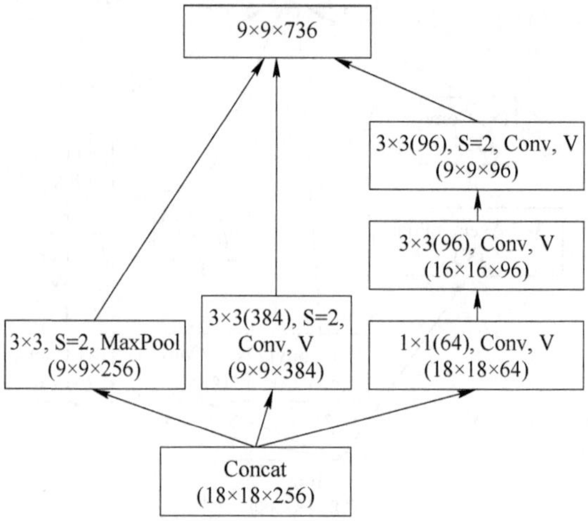

图 7-25 Block 4 Reduction-B 层结构

7.5.5 整体二维 CNN 网络结构

将维度为 9×9×736 的输出向量输入至 9×9 的平均池化层中，最终得到了1×1×736 的输出结果，并通过 Softmax 层将输出向量映射为每一类别在（0，1）之间的概率分布，通过比较每一类别的概率分布大小，从而得到了最终分类结果。因此，在本章中，可以得到如图 7-26 所示的整体二维 CNN 网络结构模型。

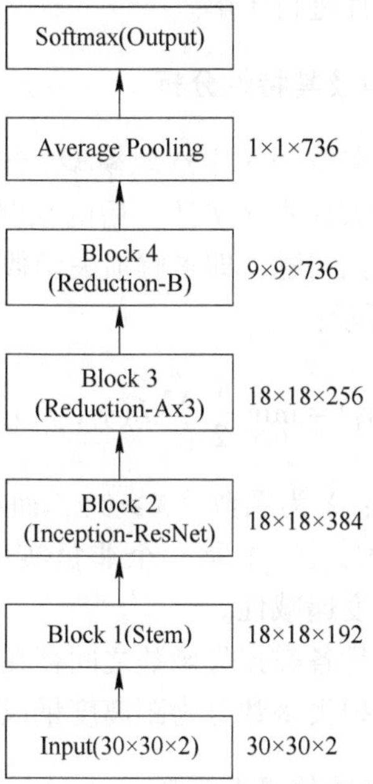

图 7-26 基于双加速度传感器的 Inception-ResNet 网络结构

7.6 C-L 联合损失函数分类模型

本章对信号识别系统中，最后一个阶段分类识别任务进行理论到算法实践的研究分析，利用各损失函数之间的特性，提出了一种基于 CrossEntropy-Logistic 联合损失函数的分类算法，利用随机提取的旗语动作信号特征向量，与传统交叉熵损失函数识别效果进行比较分析，从而验证其对识别精度的提升效果。

7.6.1 损失函数

损失函数是一种量化随机事件或待分类样本与真实事件（类别）之间差异

性的函数并用于模型的参数估计。通常以映射方式对样本差异度进行量化从而对分类器进行评价。在监督学习中，选取合适的损失函数对于模型最终的分类预测准确率提升至关重要。

损失函数的选取依据主要有：待分类特征向量维度、所使用的网络框架、预测损失值随迭代训练的走势以及函数在梯度下降过程中的收敛程度等。在同等条件下，对损失函数进行参数调整或增加迭代次数可以在一定程度上加快最优值的搜索速率或更逼近于最优值从而提升识别精度。因此在选择损失函数的同时需要对常用的各类损失函数特性进行了解。

7.6.2 常用损失函数类型及其特性分析

分类损失预测可看作在空间 S 中选取模型 f 作为决策函数，对输入 x，用损失函数 $L(Y, f(x))$ 表示该样本经 f 计算后的预测值 $f(x)$ 与真实值 Y 之间的误差，很显然对于模型的优化问题，即求解损失函数在整个样本空间中的全局最小值问题，如式（7-19）所示：

$$D(x_i, y_i) = \min_{f \in S} \frac{1}{2} \sum_{i=1}^{N} L(y_i, f(x_i)) + \lambda J(f) \tag{7-19}$$

式中，$J(f)$ 为模型复杂度；λ 为系数（$\lambda \geqslant 0$），而在实验中，暂不对模型复杂度进行讨论。同时，函数 $D(x_i, y_i)$ 是一个非负实值函数，其主要特点为：非负性；单调递增性；二次梯度递减性。

损失函数种类较多，且各类损失函数之间存在着一定的转化关系，研究人员根据度量方式的不同，将损失函数分为距离度量以及概率分布度量方式。

7.6.2.1 基于距离度量的损失函数

基于距离度量的损失函数通常将输入数据以点的形式映射至高维特征空间中，如欧式空间，并将损失函数转化为高维特征空间中，度量样本预测点与样本真实点之间的欧氏距离。若特征空间中两点距离越近，则表明模型的预测性能越好。常用的损失函数类型有：平方损失函数、绝对损失函数、0-1（逻辑回归）损失函数以及余弦损失函数等。其中，将对0-1（逻辑回归）损失函数重点展开讨论。

0-1 损失函数（Zero - One Loss Function）函数又称逻辑回归损失函数（Logistic Loss Function），其公式如式（7-20）所示：

$$L(Y, f(x)) = \begin{cases} 1, & Y \neq f(x) \\ 0, & Y \neq f(x) \end{cases} \tag{7-20}$$

这是一种较为简单且绝对的分类方法，广泛应用于二分类任务中，通过

(0, 1) 分布表征了对于单个样本属于某种类别的判断。0-1 损失函数优点在于直观简单，易于理解，适用于样本间距离较大、距离分隔线较远的情况；其缺点在于对待分类样本中的噪声信号难以处理，同时，由于其不连续、非凸且不可导性从而难以优化。除 KNN 模型外，逻辑回归损失函数极少运用于监督学习分类算法中，但通过对其进行演变，引入其他参数，并用于常用的分类模型中，可以在一定程度上提升识别准确率。如 Takase 等在逻辑回归损失函数基础上提出了感知机损失函数（Preceptron Loss Function），其公式如式（7-21）所示：

$$L(Y, f(x)) = \begin{cases} 1, & |Y - f(x)| > t \\ 0, & |Y - f(x)| \leqslant t \end{cases} \tag{7-21}$$

式中，t 为感知参数，通过对 t 的不断调整，可以实现学习率的自适应变化，从而尽可能减少训练损失。同时，基于感知机损失函数的分类模型为解决方案提供了更广泛的搜索范围，并且提升了测试识别率。根据部分数据集训练实验证明，该方法能够获得较高的识别精度。

7.6.2.2 基于概率分布度量的损失函数

基于概率分布度量的损失函数通过统计学中随机事件的可能性来表示样本间的相似率。通常用于概率分布估计及样本预测任务且适用于样本分类问题。常用的主要有以下几类：对数损失函数、KL 散度函数、交叉熵损失函数等。其中，将重点对交叉熵损失函数展开讨论。

交叉熵最初用于信息论，度量两个或多个概率分布之间差异性。在模式识别任务中，通常用于分类模型对任一样本 i 的预测精度评价。而交叉熵损失函数（CrossEntropy Loss Function）利用交叉熵这一参量对样本所属类别的概率进行分类，其输入为每个样本特征向量，通过 ReLU 等 Softmax 函数对其进行每个类别的预测，从而得到预测概率输出，总和为 1，其公式如下：

$$L = -\sum_{i=1}^{N}\sum_{j=1}^{C} p_{ij}\ln q_{ij} \tag{7-22}$$

式中，N 为一个计算任务中所有的样本数量总和；C 为样本类别数；p_{ij} 为将第 i 个样本分到第 j 个类别的标签，其中预测正确计为 1，预测错误记为 0。q_{ij} 为模型预测中，对第 i 个样本将其归于第 j 类的预测概率。图 7-27 展示了交叉熵损失函数过程中的输入输出变化情况。

其中（x_1, …, x_n）表示信号的输入，（c_1, …, c_n）表示经 CNN 特征提取后的输出特征向量，通过 Softmax 层对其进行概率映射，从而得到了样本 i 在各个类别中的预测情况。再通过式（7-22）进行交叉熵损失计算，从而得到了单个样本的识别精度评价。交叉熵损失函数对实际输出与预测输出进行了量化，通

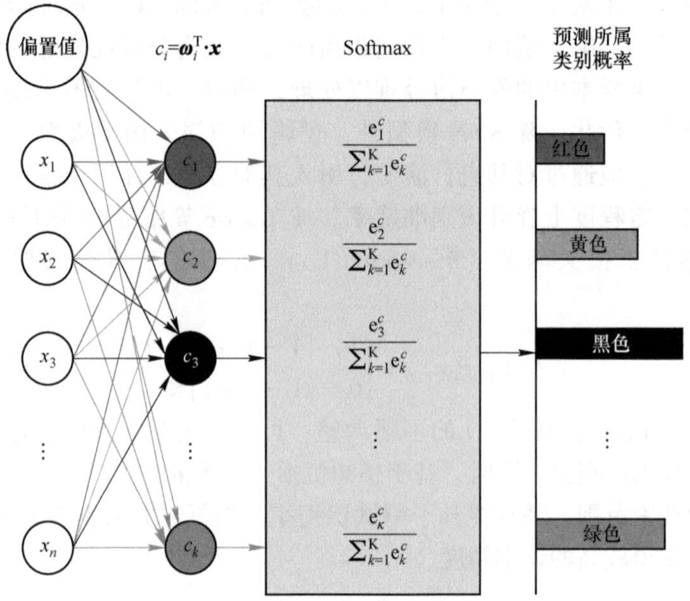

图 7-27 利用交叉熵损失函数对样本进行颜色分类过程

过比较样本在各类别中的分布概率来判断模型的预测准确度，适用于多分类任务，且应用广泛。如 Anna Sergeevna 等提出一种基于梯度的随机抽样方法对二次损失和熵损失两种不同误差度量产生的损失曲面进行实证研究，同时在神经网络运用中，成功捕获到损失曲面中的全局最小值，从而证实了与二次损失相比，熵损失具有更强的梯度和更少的固定点，验证了熵损失函数具有更优的全局搜索性。由于交叉熵损失函数能够有效地避免梯度弥散性问题，目前，在卷积神经网络中应用最为广泛。

7.6.3 CrossEntropy-Logistic 联合损失函数

在深度学习领域，由于样本数量的限制，利用传统交叉熵损失函数对小规模数据进行分类识别时易出现过拟合现象。针对这一问题，张欣彧等采用一种 CenterLoss-Softmax（CS）和 A-Softmax（AS）联合优化损失函数，对学校新生的人脸小数据集进行识别分类，平均识别率能够达到 98%以上。验证了基于联合损失函数在小规模数据中的应用效果。

在上文中，通过 Inception-ResNet 二维卷积神经网络得到了每一类旗语动作样本的最终输出特征向量，而最后一阶段就是分类器的选择。利用 Inception-ResNet 网络对旗语动作信号进行特征向量提取，最终得到了 1×736 维的特征向量，在分类识别过程中，利用 Softmax 分类器将特征向量作为输入，并将输出向

量的维度设置与类别数相同。对于每一个输入旗语动作样本 $x^{(i)}$，将其标记为 $y^{(i)} \in \{1, 2, \cdots, k\}$，共 k 类，设置样本概率函数表示每个输入样本属于每一类别 j 的概率 $p(y^{(i)}=j|x^{(i)})$，则样本概率函数 h_i 为：

$$h_i = \begin{pmatrix} p(y^{(i)}=1|x^{(i)});\ \boldsymbol{\theta} \\ p(y^{(i)}=2|x^{(i)});\ \boldsymbol{\theta} \\ \vdots \\ p(y^{(i)}=k|x^{(i)});\ \boldsymbol{\theta} \end{pmatrix} = \frac{1}{\sum_{j=1}^{k} \mathrm{e}^{\theta_j^T x(i)}} \begin{pmatrix} \mathrm{e}^{\theta_1^T x(i)} \\ \mathrm{e}^{\theta_2^T x(i)} \\ \vdots \\ \mathrm{e}^{\theta_k^T x(i)} \end{pmatrix} \tag{7-23}$$

式中，$\boldsymbol{\theta} = \begin{pmatrix} \theta_{11} & \theta_{21} & \cdots & \theta_{k1} \\ \theta_{12} & \theta_{22} & \cdots & \theta_{11} \\ \vdots & \vdots & \vdots & \vdots \\ \theta_{1n} & \theta_{2n} & \cdots & \theta_{kn} \end{pmatrix}$ 是 736×k 的参数矩阵，其中，$n=736$；$\dfrac{1}{\sum_{j=1}^{k} \mathrm{e}^{\theta_j^T x(i)}}$ 表示对概率分布进行归一化，在矩阵 $\boldsymbol{\theta}$ 中，每一列参数表示任一样本在每一动作类别中的预测情况。通过建立损失函数并对卷积神经网络中参数进行训练，使得损失函数最小化，并得到最终的权重参数。

7.6.3.1 C-L 联合损失函数模型建立

通常大部分基于 CNN 的特征提取方法都会采用交叉熵（crossentropy）作为训练网络的损失函数，通过迭代过程中损失函数所反馈的动态的损失值变化来优化网络参数。本次实验中对传统的交叉熵损失函数以及 Logistic 函数进行了改进，将原函数变换为基于多分类任务的交叉熵函数以及基于二分类任务的 Logistic 损失函数，同时提出了一种 CrossEntropy-Logistic 联合损失模型。其中，经变换后的 Logistic 以及 CrossEntropy 损失函数公式如式（7-24）和式（7-25）所示：

$$loss(h_\theta(x),\ y) = \sum_{i=1}^{m} [-y_i \lg(h_\theta(x)) - (1-y_i)\lg(1-h_\theta(x))] \tag{7-24}$$

$$loss(x_i,\ y) = \sum_{i=1}^{m} (-x_i + \log \sum_j \mathrm{e}^{x_j - y_j}) \tag{7-25}$$

式中，$h_\theta(x)$ 为二分类任务中每个样本的预测值；y 为每个样本的实际值；y_i 为每类样本的观测值；而 x_j 为一个观测样本中，每一类别的预测概率；m 为样本总数；j 为类别数；x_i 为多分类任务中每个样本的观测值，取值在（0，1）之间；y_j 为每个样本在不同类别下的实际分类，为 one-hot 值。当数据线性可分时，Logistic 回归通过数据的原始显性特征可以找到一条线性决策边界，而对于加速度、角速度和磁偏角融合数据无法实现直接线性切分，因此需要将特征映射到高位数据空间进行线性切分；交叉熵损失函数适用于多类数据融合的分类模式中，但易出现特征映射维度过高所导致的“维度灾难问题”，从而导致分类结果出现过拟合现象。因此在实验分类阶段，采用了 Softmax 与 Logistic 函数线性相加的联合损失函数，如式（7-26）所示：

$$loss(h_\theta(x), x_i, y) = aloss(h_\theta(x), y) + bloss(x_i, y) \tag{7-26}$$

式中，a，b 分别为二分类和多分类任务的权值系数，$a+b=1$。

基于 CL 联合损失函数算法的分类步骤及思想方法如下所示：

（1）利用 Logistic 二分类函数，对整个数据集进行二维线性分类，利用两条相交线性函数动作数据集划分为 5 个初始类别，分别为 C_1，C_2，C_3，C_4，C_5。

（2）将类间距离问题转变为角度问题，并通过对卷积神经网络全连接层权重与偏置值的不断初始化更新，来调整角度间隔参数以此来不断对类间夹角进行调整，具体公式如下：

$$f_k^i = \begin{cases} \| F(x_i) \| \cos p\theta_{(k,i)}, & k = i \\ \| F(x_i) \| \cos\theta_{(k,i)}, & k \neq i \end{cases} \tag{7-27}$$

式中，$F(x_i)$ 为第 i 个样本的所有特征，式中对其取 2 范数；f_k^i 为 i 个样本属于第 k 类的特征；$\theta_{(k,i)}$ 为全连接层权重 ω 的第 k 列与第 i 个样本的夹角；p 为角度间隔参数，每一次参数更新都对权重 ω 的第 k 列进行归一化操作，同时将偏置值 b 置 0。

（3）对 Logistic 初始分类数据进行高维特征映射，将平面数据转为多维数据。

（4）利用 CrossEntropy 多分类函数，对映射后的 5 类初始分类数据在高维数据空间中再进行类别 C_6 与 C_1，C_2，C_3，C_4，C_5 的线性分类任务。

7.6.3.2 联合损失函数参量确定

为避免损失函数在迭代中产生振荡以及局部搜索最优值等问题；在确定损失函数形式后，采用 Adagrad 梯度下降法对联合损失函数系数进行训练。其中，表 7-3 给出了在 1000 轮迭代后，不同精度下的各类动作数据的平均损失值。

表 7-3 不同 a，b 值下的平均损失值

系数取值	平均损失值
$a=0.9$ $b=0.1$	0.543
$a=0.8$ $b=0.2$	0.433
$a=0.7$ $b=0.3$	0.256
$a=0.6$ $b=0.4$	0.145
$a=0.5$ $b=0.5$	0.273
$a=0.4$ $b=0.6$	0.385

根据表7-3中数据可以发现，随着 a 值的不断减小，平均损失值整体呈下降趋势，而在 $a=0.6$，$b=0.4$ 时达到最低点，随后，平均损失值又出现回升现象。将 a，b 与平均损失值进行二次拟合，可以得到如图7-28所示的联合损失函数平均损失值大致变化趋势。

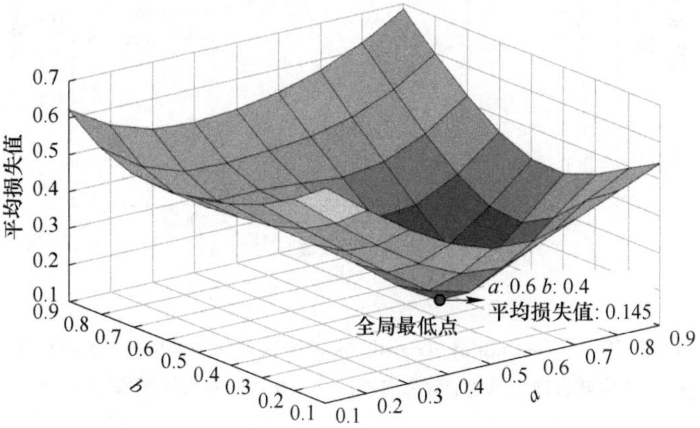

图7-28　联合损失函数平均损失值随系数 a，b 变化趋势

根据图7-28可以发现，利用三维空间曲面对 a，b 以及平均损失值进行拟合，同样可以验证全局最低点落在 $a=0.6$，$b=0.4$ 处。

7.6.4 训练效果对比

在得到CrossEntropy-Logistic联合损失函数的系数后，将通过比较CrossEntropy-Logistic联合损失函数与单一的交叉熵损失函数在各类数据下的损失值来验证联合损失的优越性，分别选取了2类损失函数在不同数据中的最高识别率进行对比。图7-29展示了使用CrossEntropy-Logistic联合损失函数前后效果对比。

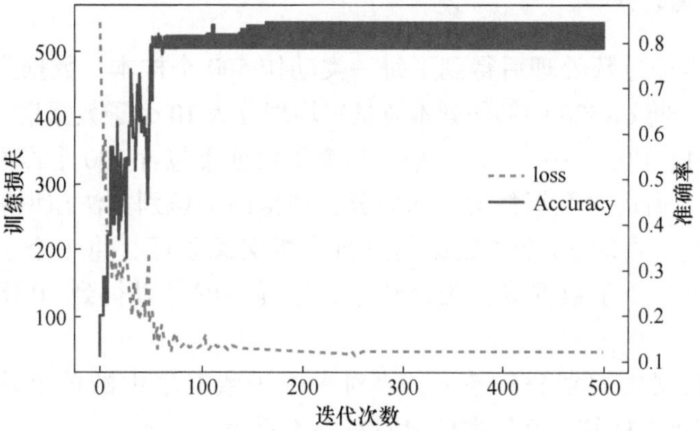

(a)

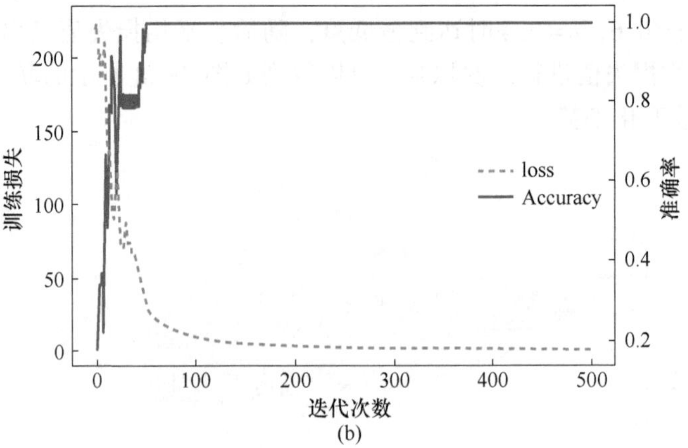

图 7-29 CrossEntropy-Logistic 联合损失函数使用前后效果对比
（a）使用联合损失函数前分类效果；（b）使用联合损失函数后分类效果

根据图 7-29 发现，使用联合损失函数前，损失值在 0~500 的范围内浮动，且振荡幅度剧烈，而识别率仅在 80%上下浮动；而在使用联合损失函数后。可以明显发现损失值的上限范围大幅度减少，且经过 100 轮迭代后，损失值以及识别率趋于稳定，同时识别率相较于是用损失函数前也出现了大幅度的提升。从而可以得出结论：通过 CrossEntropy-Logistic 联合损失函数对样本进行二分类与多分类任务的加权融合，可以大幅度减少训练中带来的预测值损失，将损失值稳定在 10 以内；同时大幅提升了原始的动作识别率。

7.7 结果分析

7.7.1 数据集划分

将原信号经过预处理后得到了每一类动作 500 个样本，数据集记为 ULP_Dataset。同时，将 6×500 的动作样本总量平均划分为 10 个子数据集，将子数据集名称设为 U01、U02、…、U10，平均每个子数据集包含 300 个样本，每类动作的数量为 30。通过对数据集的平均划分，使得两类识别方法在识别率比较中更加具有对照性。再对 10 个子数据集进行十折交叉验证，将 1 个子数据集作为验证集，其余 9 个子数据集作为训练集，这样，就可以得到 10 次不同的验证结果。

完成对数据集的划分任务后，再对每个子数据集中的单个动作样本进行 One-Hot数据类型标签，其样本标记如表 7-4 所示。

表 7-4 单个旗语动作样本标签

动作名称	类别标记	One-Hot 标签
A	0	(1, 0, 0, 0, 0, 0)
B	1	(0, 1, 0, 0, 0, 0)
C	2	(0, 0, 1, 0, 0, 0)
D	3	(0, 0, 0, 1, 0, 0)
E	4	(0, 0, 0, 0, 1, 0)
F	5	(0, 0, 0, 0, 0, 1)

7.7.2 数据导入及实验结果

将划分好的数据分别传输至一维 CNN 网络以及 Inception-ResNet 双流网络中，在信号处理阶段，利用 Python 语言对 2 类卷积神经网络进行搭建并进行数据分析，分类识别阶段均采用 CrossEntropy-Logistic 联合损失函数进行分类识别。再分别对 2 类网络识别结果进行比较研究。表 7-5 展示了一维 CNN 网络模型及二维 Inception-ResNet 模型对 6 类旗语动作信号的处理分类过程。

表 7-5 基于一维 CNN 及二维 Inception-ResNet 的 9 轴旗语信号处理伪代码

模型：i. 一维 CNN 网络 ii. 二维 Inception-ResNet 网络
输入：训练过程：带标签数据集 Data1 = { (a_i, ω_i, q_i), One-Hot},
　　测试过程：无标签数据集 Data2 = { (a_i, ω_i, q_i) }
输出：One-Hot 标签

```
i. For very Data1 and Data2 in One-Dimensional CNN
    Run：式 (4-5)～式 (4-7) operation Data1 and Data2
        (Enter) Output：3 通道融合数据 Mdata1 and Mdata2
        Use Layer-Conv1 进行一次卷积操作
        (Enter) Output：中间过程向量 (None, 20, 60)
        Use Layer-Maxpooling 进行最大池化操作
        (Enter) Output：中间过程向量 (None, 9, 60)
        Use Layer-Conv2 进行二次卷及操作
        (Enter) Output：中间过程向量 (None, 5, 10)
        Use Full Connection 进行全连接及 Softmax 操作
        (Enter) Output：特征向量 (None, 6)
    End
        Use 式 (6-8) 进行分类识别
```

续表 7-5

```
    Return:
        Back to (反向循环)
    Till 权重收敛:
        For every Data1 and Data2
         (分类预测)
    Output: 样本 One-Hot 标签
    END
ii. For every Data1 and Data2 in Inception-ResNet
    Run: Use 矩阵重构 operation Data 1 and Data 2
       (Enter) Output: 30×30×2
         Use Block 1 (Stem) for 一次降维及深度信息提取
       (Enter) Output: 18×18×192
         Use Block 2 (Inception-ResNet) for 深度拓宽
       (Enter) Output: 18×18×384
         Use Block 3 (Reduction-A×3) for 深度信息提取
       (Enter) Output: 18×18×256
         Use Block 4 (Reduction-B×3) for 二次降维及深度拓宽
       (Enter) Output: 9×9×736
         Use Average Pooling for 提取特征向量
       (Enter) Output: 1×1×736
    End
        Use 式 (6-8) 进行分类识别
    Return:
        Back to (反向循环)
    Till 权重收敛:
        For every Data1 and Data2
         (分类预测)
    Output: 样本 One-Hot 标签
    END
```

7.7.3 基于融合数据处理的一维 CNN 识别结果

基于一维 CNN 模型的旗语动作分类网络参数已在第 4 章给出，分别将 10 个子数据集传输至分类模型中，可以得到 10 次不同的识别结果。图 7-30 和图7-31 分别展示了 10 次训练后的识别结果以及不同动作的混淆矩阵。

根据图 7-30 所示结果得出结论，经过基于 9 轴融合数据后的一维卷积神经网络框架，可以得到平均 93.7%的训练识别率。而根据图 7-31，可以得到如表 7-6所示的各类动作的识别率和召回率情况。

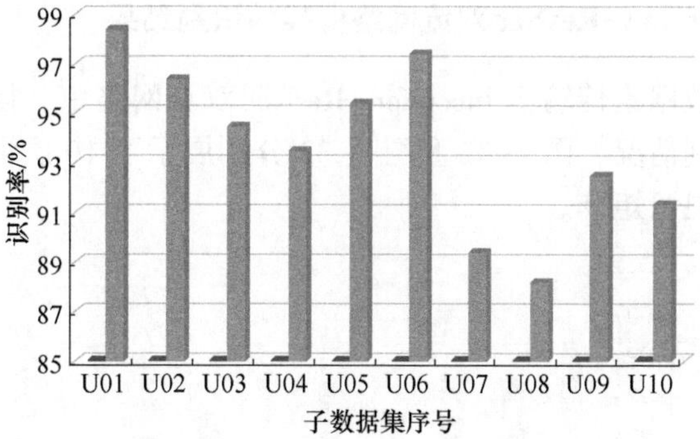

图 7-30 基于一维数据融合 CNN 的子数据集识别结果

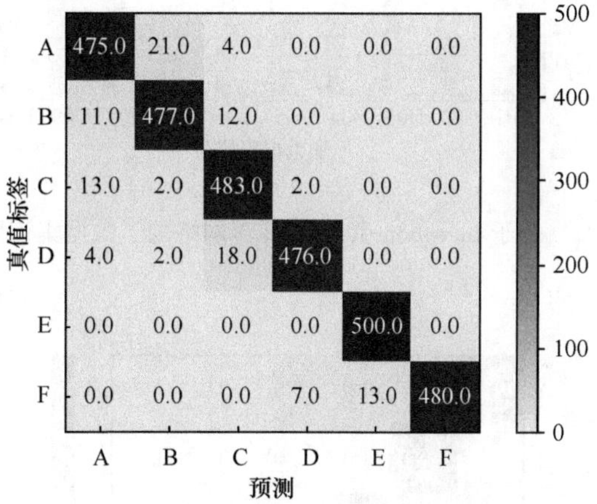

图 7-31 基于一维 CNN 框架分类识别后的混淆矩阵

表 7-6 6 类旗语动作的识别率与召回率

动作类别	识别率/%	召回率/%
A	95.0	94.4
B	95.4	95.0
C	96.6	93.4
D	95.2	98.1
E	100	97.5
F	96	100

7.7.4 基于 Inception-ResNet 双流网络框架的识别结果

将划分好的数据集传输至 Inception-ResNet 双流网络中，得到了分类后的各个子数据集的识别情况，图 7-32 和图 7-33 分别展示了 10 次训练后的识别结果以及不同动作的混淆矩阵。

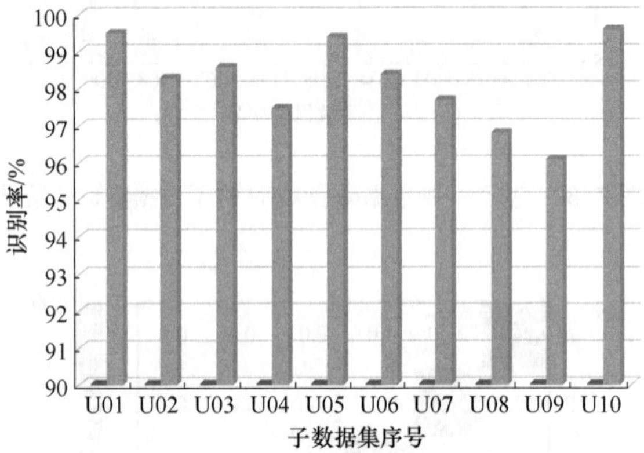

图 7-32 基于 Inception-ResNet 双流网络的子数据集识别结果

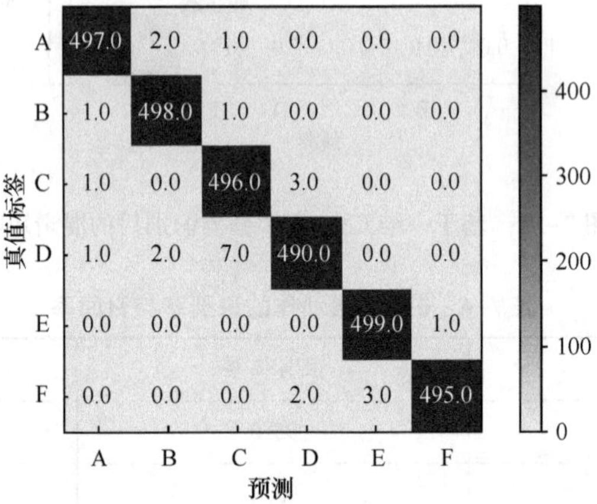

图 7-33 Inception-ResNet 网络结构下的各类动作混淆矩阵

7.7.5 结果分析与探讨

为比较 2 类卷积神经网络方法与传统机器学习方法的平均识别率差异，实验中，同时利用决策树（RF）、SVM 以及 KNN 模型对上述实验数据进行分类识别。图 7-34 展示了 20 次随机训练后各类识别方法的平均识别率比较结果。

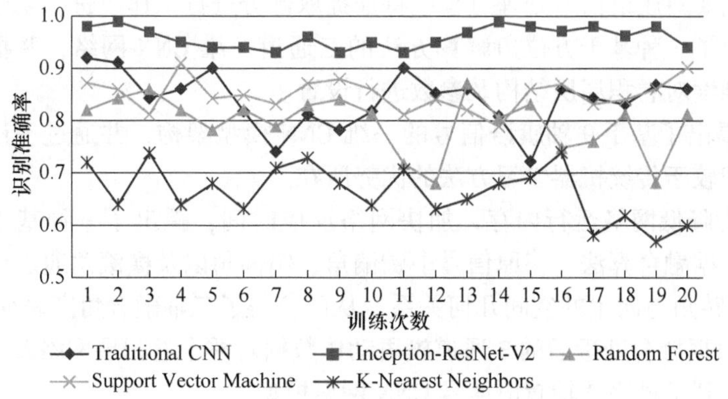

图 7-34 五种分类模型下的样本平均识别率比较

根据图 7-34 中数据不难发现，Inception-ResNet-v2 模型在旗语动作识别实验中获得了最好的分类结果，在 20 次随机训练过程中，平均测试识别率可达 96%；相比之下，KNN 模型识别效果最差，平均测试识别率仅为 66%。同时根据图中显示数据可以发现，在旗语动作识别过程中，相比于传统的机器学习方法，2 类深度学习方法在识别准确率中展现出明显的优势。

根据 2 类卷积神经网络的识别实验结果，可以发现，无论是整体的动作识别率还是各类动作的混淆识别率，Inception-ResNet 模型都远优于一维 CNN 模型，平均识别率约高出 5%。

虽然 Inception-ResNet 双流网络在计算速率、识别效果及动态训练过程的收敛性等方面优于一维 CNN 网络，但由于 2 类网络所提取的特征信息具有极大差异，其中，一维 CNN 网络主要对旗语动作数据中的时域信息进行多层卷积特征提取，而 Inception-ResNet 二维 CNN 网络主要对信号重构变换后的深度特征信息进行提取，因此 Inception-ResNet 网络在处理动作信号过程中必然会带来一定的失真性。当双流网络伴随如 RNN 等网络结构同时出现时，会出现因原信号片段失真所带来的复合网络识别差异；同时基于 Inception-ResNet 结构的二维 CNN 网络由于其深度较大，因此对于数据总量具有极高要求，而一维 CNN 网络在处理小规模数据时明显具有优势。在旗语信号仿真训练过程中，可将一维 CNN 网络模型运用于旗语动作模拟教学任务中，通过少量的旗语动作远程交互，进行动作要领教学；而二维 CNN 网络则更适用于实际系统的训练任务。

7.8 小　　结

本章主要对旗语信号处理过程中特征提取部分进行工作改进，基于深度学习方法，提出了一种基于方位角解算方法的三通道一维 CNN 网络，并根据采集的旗语信号维度对卷积层层结构及参数进行设置。

（1）提出了基于 9 轴旗语信号的一维 CNN 模型架构，并通过理论验证其可行性以及相较于传统机器学习方法的优势所在。

（2）为降低网络运行内存，加快网络反应时间，提出了一种基于方位角解算的 9 轴数据融合算法，将原信号中磁偏角、俯仰角以及横滚角通过引入四元数 q 以及建立转角与向量的空间几何关系，从而获得了三轴融合角度表征方式。

（3）根据融合处理后的 3 通道旗语动作数据对整个卷积层网络及参数进行设置，从而得到了最终 9 轴旗语信号 CNN 网络模型。

参考文献

[1] 张良国，吴江琴，高文，等．基于 Hausdorff 距离的手势识别［J］．中国图像图形学报，2002，7（A）：1144-1150.

[2] 程文山．基于肤色分割和 Camshift 的手势识别研究［D］．武汉：华中师范大学，2009.

[3] Luciano S，Olga B，Kim B. Robust Range Image Registration Using Genetic Algorithms［M］. Danvers：World Scientific Publishing Co. Pte. Ltd.，2005.

[4] Wikipedia entry：Depth map［OL］．http：//en. wikipedia. org/wiki/Depth map.

[5] Fisher. Dictionary of computer vision and image processing［M］．New Jersey：John Wiley & Son，Ltd.，2005.

[6] Takeguchi T，Kaneko S. Using depth aspect images for robust and efficient search of multiple objects in optomechatronic sensing［J］．IEEE Transactions on Industrial Electronics，2005，52（4）：1041-1049.

[7] Ali A，Aggarwal J K. Segmentation and recognition of continuous human activity［C］//IEEE Workshop on Detection and Recognition of Events in Video（EVENT 2001），IEEE，2001：28-35.

[8] Sheikh Y，Sheikh M，Shah M. Exploring the space of a human action［C］//10th IEEE International Conference on Computer Vision（ICCV，2005），IEEE，2005：144-149.

[9] Chen S S，Martini B，Culurciello E. A Bio-Inspired Event-Based Size and Posi- tion Invariant Human Posture Recognition Algorithm［J］．International Symposium on Circuits and Systems，2009：775-778.

[10] Xia L，Chen C C，Aggarwal J K. Human detection using depth information by Kinect［C］//2011 IEEE Computer Society Conference on Computer Vision and Pattern Recognition Workshops（CVPR Workshops 2011），IEEE，2011：8.

[11] Mao Y F，Shi P F. Kernel density estimation for dynamic scene modeling［J］．Journal of Data Acquisition & Processing，2004，19（4）：391-394.

[12] Chen G，Zhou H Q，Yan J F. Real-time back- ground subtraction and moving shadow detection based on UKF modeling［J］．Journal of Image and Graphics，2009，14（5）：931-937.

[13] 梁英宏．红外视频图像中的人体目标检测方法［J］．红外与激光工程，2009，38（5）：932-935.

[14] Gu J D，Liu Z，Zhang Z Y. A novel moving object segmentation algorithm using kernel density estimation and edge information［J］．Journal of Computer - Aided Design & Computer Graphics，2009，21（2）：223-228.

[15] Zhu Y S，Guo C M. Research of correlation tracking algorithm based on correlation coefficient［J］．Journal of Image and Graphics，2004，9（8）：963-967.

[16] Wei C A，Jiang S D，Sun C. Small target tracking in forward looking infrared imagery based on kernel density estimation［J］．Journal of Harbin Engineering University，2009（30）：763-767.

[17] 肖雪．基于视频序列的人体骨架提取与三维重建［D］．大连：大连理工大学，2009.

［18］庄越挺，刘小明，潘云鹤．一种基于视频的人体动画骨架提取技术［J］. 计算机研究与发展，2000，37（4）：498-506.

［19］Lovato C，Castellani U，Giachetti A. Automatic Segmentation of Scanned Human Body Using Curve Skeleton Analysis［C］//LNCS Lecture Notes in Computer Science. Berlin：Springer，2009：34-45.

［20］Chen H S，Chen H T，Chen Y W，et al. Human action recognition using star skeletion［C］//Proceedings of the 4th ACM International Workshop on Video Surveillance and Sensor Networks. California：ACM，2006：171-178.

［21］Hong T，Wang S K. Research on scaled prismatic model initialization algorithm for human frontal motion［J］. Journal of Zhejiang University：Engineering Science，2004，38（12）：1585-1588.

［22］Ogniewicz R，Ilg M. Voronoi skeletons theory and applications［C］//IEEE International Conference on Computer Vision and Pattern Recognition（CVPR）. IEEE，1992：63-69.

［23］刘相滨，邹北骥，孙家广．基于边界跟踪的快速欧氏距离变换算法［J］. 计算机学报，2006，29（2）：318-321.

［24］丁颐，刘文予，郑宇化．基于距离变换的多尺度连通骨架算法［J］. 红外与毫米波学报，2005，24（4）：281-285.

［25］耿帅．基于数学形态学的图像去噪［D］. 济南：山东师范大学，2012.

［26］王倩，阮海波．快速模糊边缘检测算法［J］. 中国图像图形学报，2001，6（4）：353-358.

［27］Serra J. Image analysis and mathematical morphology：vol. 1［M］. San Diego：Academic Press，1982.

［28］Umberger B. Computer modeling of stance and swing phase costs in human walking［J］. Comparative Biochemistry and Physiology A-molecular & Integrative Physiology，2008，150（3）：68-69.

［29］Abdel K. Human modeling and applications special issue［J］. Computer - Aided Design，2007，39（7）：539-548.

［30］Badler N I，Phillips C B，Webber B L. Simulating humans-computer graphics animation and control［M］. New York：Oxford University Press，1993.

［31］贾程程，许相莉，周春光，等．基于链码的人体骨架建模［J］. 吉林大学学报（理学版），2010，48（4）：641-645.

［32］赵晓东，李其攀，王志成．一种快速人体骨架建模方法［J］. 计算机应用研究，2012，29（1）：383-385.

［33］毛以芳，黄襄念．室内复杂背景下人体骨架的提取［J］. 西华大学学报（自然科学版），2011，27（5）：50-53.

［34］邬大鹏，程卫平，于盛林．基于帧间差分和运动估计的 Camshift 目标跟踪算法［J］. 光电工程，2010，37（1）：55-62.

［35］黎洪松，李达. 人体运动分析研究的若干新进展［J］. 模式识别与人工智能，2009，22（1）：70-78.

[36] 雷涛，罗薇薇，樊养余，等．复杂环境下的运动人体骨架提取算法［J］．计算机应用研究，2010，27（8）：3195-3200.
[37] Takeguchi T, Kaneko S. Using depth aspect images for robust and efficient search of multiple objects in optomechatronic sensing [J]. IEEE Transactions on Industrial Electronics, 2005, 52 (4): 1041-1049.
[38] Patrick B, Mark E, Daniel P H, et al. Upper body detection and tracking in extended signing sequences [J]. Int J Comput Vis, 2011, 95 (2): 180-197.
[39] 李世飞．基于深度图像的三维目标识别技术研究［D］．长沙：国防科技大学，2010.
[40] 林鹏，张超，李竹良，等．基于深度图像学习的人体部位识别［J］．计算机工程，2012，38（16）：185-188.
[41] Fisher. Dictionary of computer vision and image processing [M]. Hew Jersey: John Wiley & Son, Ltd., 2005.
[42] 陶曼．深度图像的分割与压缩［D］．北京：首都师范大学，2006.
[43] 路兴昌．基于地面激光扫描的矢量信息提取研究［D］．哈尔滨：中国科学院东北地理与农业生态研究所，2008.
[44] Luciano S, Olga B. Robust range image registration using genetic algorithms [M]. Danvers: World Scientific Publishing Co. Pte. Ltd., 2005.
[45] Letalick D, Ahlberg J R, Andersson P. 3-D Imaging by laser radar and applications in preventing and combating crime and terrorism [R]: FOI. 2004.
[46] Arman F, Aggarwal J K. Model-based object recognition in dense-range images-a review [J]. ACM Comput Surv, 1993, 25 (1): 5-43.
[47] Jain A K, Dorai C. 3D object recognition: Representation and matching [J]. Statistics and Computing, 2000, 10 (2): 167-182.
[48] 田涛，潘俊民．基于散焦图像深度测量的一种新方法［J］．机器人，2001，23（1）：187-190.
[49] Ball M. Terrestrial 3D laser scanner capture reality [Z] www. geoword. com, 2004: 15-18.
[50] 王洋．多线结构光深度图像获取及其图像处理的研究［D］．哈尔滨：哈尔滨理工大学，2005.
[51] Raheja J L, Chaudhary A, Singal K. Tracking of fingertips and centrens of palm using KINECT [J]. IEEE Computer Society, 2011: 248-252.
[52] Puranam Muthukmar B. Towards full-body gesture analysis and recognition [D]. Kentucky: University of Kentucky, 2005.
[53] Patrick B, Mark E, Daniel P H, et al. Upper body detection and tracking in extended signing sequences [J]. Int J Comput Vis, 2011, 95 (2): 180-197.
[54] Iwane N. Arm Movement recognition for flag signaling with Kinect Sensor [C] //Virtual Environments Human-Computer Interfaces and Measurement Systems (VECIMS). IEEE, 2012.
[55] Zhao L, Qi W, Li S Z, et al. Key-frame extraction and shot retrieval using nearest feature line (NFL) [C] //Proceedings of the ACM Multimedia 2000 workshops. ACM, 2000: 217-220.
[56] Hechi-Nielsen R. Theory of the back propagation neural network [M]. Proc. of IJCNN, 1989

(1): 593-603.

[57] Eberhart R C, Dobbins R W. Neural network PC tools [M]. New York: Academic Press, 1990.

[58] Khatib O. Real-time obstacle avoidance for manipulators and mobile robots [J]. Internet J Robotics Res, 1986, 5 (1): 45-49.

[59] Lee J, L Kunii T. Model-based analysis of hand posture [J]. Computer Graphics and Applications, 1995, 15 (5): 77-86.

[60] 张金林, 王璐璐, 芮挺, 等. 基于神经网络的旗语识别系统 [J]. 解放军理工大学学报(自然科学版), 2003, 4 (4): 65-68.

[61] 张良国, 吴江琴, 高文, 等. 基于 Hausdorff 距离的手势识别 [J]. 中国图象图形学报, 2002 (11): 1144-1150.

[62] Patruno C , Marani R , Cicirelli G , et al. People re-identification using skeleton standard posture and color descriptors from RGB-D data [J]. Pattern Recognition, 2019, 89: 77-90.

[63] Seiter J, Amft O, Rossi M, et al. Discovery of activity composites using topic models: An analysis of unsupervised methods [J]. Pervasive & Mobile Computing, 2014, 15: 215-227.

[64] Parkka J , Ermes M , Korpipaa P , et al. Activity classification using realistic data from wearable sensors [J]. IEEE Transactions on Information Technology in Biomedicine A Publication of the IEEE Engineering in Medicine & Biology Society, 2006, 10 (1): 119.

[65] 张烈平, 匡贞伍, 李昆键, 等. 基于加速度传感器和神经网络的人体活动行为识别 [J]. 现代电子技术, 2019 (16): 5.

[66] Zhu C , Sheng W . Motion- and location-based online human daily activity recognition [J]. Pervasive & Mobile Computing, 2011, 7 (2): 256-269.

[67] Reddy S, Mun M, Burke J, et al. Using mobile phones to determine transportation modes [J]. Acm Transactions on Sensor Networks, 2010, 6 (2): 1-27.

[68] Tapia E M , Intille S S , Haskell W , et al. Real-time recognition of physical activities and their intensities using wireless accelerometers and a heart rate monitor [C] // IEEE International Symposium on Wearable Computers. IEEE, 2007.

[69] Óscar, D, Lara, et al. Centinela: A human activity recognition system based on acceleration and vital sign data [J]. Pervasive & Mobile Computing, 2012, 8 (5): 717-729.

[70] Rezaie H, Ghassemian M. An adaptive algorithm to improve energy efficiency in wearable activity recognition systems [J]. IEEE Sensors Journal, 2017, 17 (16): 5315-5323.

[71] Tew K L , Nhut N M , Teddy S D , et al. [IEEE 2012 IEEE International Conference on Granular Computing (GrC-2012) -Hangzhou, China (2012. 08. 11-2012. 08. 13)] 2012 IEEE International Conference on Granular Computing - Real-time adaptive classification system for intelligent sensing in manufacturing environment A feasibility study [J]. 2012: 761-766.

[72] Kim K, Yong K C. Effective inertial sensor quantity and locations on a body for deep learning-based worker's motion recognition [J] . Automation in Construction, 2020, 113: 103126.

[73] Shoaib M . Human activity recognition using heterogeneous sensors [J]. ACM, 2013.

[74] 鲁勇, 吕绍和, 王晓东, 等. 基于 WiFi 信号的人体行为感知技术研究综述 [J]. 计算机

学报, 2019, 42 (2): 3-23.

[75] Yang J, Bang W, Choi E, et al. A 3d hand-drawn gesture input device using fuzzy ARTMAP-based recognizer [J]. Journal of Systemics, Cybernetics and Informatiics, 2006, 4 (3): 1-7.

[76] Najafi B, Aminian K, Loew F, et al. Measurement of stand-sit and sit-stand transitions using a miniature gyroscope and its application in fall risk evaluation in the elderly [J]. IEEE Transactions on Biomedical Engineering, 2002, 49: 843-851.

[77] Bayer F M , Kozakevicius A J , Cintra R J . An Iterative Wavelet Threshold for Signal Denoising [J]. Signal Processing, 2019, 162: 10-20.

[78] Preece S J, Goulermas J Y, Kenney L P J, et al. Activity identification using body-mounted sensors-a review of classification techniques [J]. Physiological Measurement, 2009, 30 (4): R1-R33.

[79] Reddy S, Mun M, Burke J, et al. Using mobile phones to determine ransportation modes [J]. ACM Transactions on Sensor Networks, 2010, 6 (2): 1-27.

[80] Minnen D, Westeyn T, Ashbrook D, et al. Recognition soldier activities in the field [C] // Proceedings of the Fourth International Workshop on Wearable and Implantable Body Sensor Networks. Berlin: Springer, 2007: 236-241.

[81] Zhang M, Sawchuk A A. Human daily activity recognition with sparse representation using wearable sensors [J]. IEEE Journal of Biomedical and Health Informatics, 2013, 17 (3): 553-560.

[82] Nyan M N, Tay F E, Seah K H, et al. Classification of gait patterns in the tine-frequency domain [J]. Journal of Biomechanics, 2006, 39 (14): 2647-2656.

[83] Schneider T , Helwig N , Schutze A . Automatic feature extraction and selection for condition monitoring and related datasets [C] //2018 IEEE International Instrumentation and Measurement Technology Conference (I2MTC) . IEEE, 2018.

[84] He Z , Mitra S K . A linear source model and a unified rate control algorithm for DCT video coding [J]. IEEE Transactions on Circuits and Systems for Video Technology, 2002, 12 (11): 970-982.

[85] Maolin L , Huaiyu L , Yuan W , et al. Double-Windows-Based Motion Recognition in Multi-Floor Buildings Assisted by a Built-In Barometer [J]. Sensors, 2018, 18 (4): 1061.

[86] Nguyen N D, Truong P H, Jeongg M. Daily wrist activity classification using a smart band [J]. Physiological Measurement, 2017, 38 (9): 10-16.

[87] Moral-García, S, Mantas C J , Castellano J G , et al. Ensemble of classifier chains and Credal C4. 5 for solving multi-label classification [J]. Progress in Artificial Intelligence, 2019, 8: 195-213.

[88] 张宇, 郭达, 高志勇, 等. 基于单个三轴加速度计的人体行为识别研究 [J]. 信息技术与网络安全, 2019, 38 (2): 5.

[89] 胡炜. 基于傅里叶-隐马尔科夫模型的人体行为识别方法研究 [J]. 电子设计工程, 2018, 26 (7): 185-188.

[90] 卢先领, 王洪斌, 徐仙. 基于加速度信号和进化 RBF 神经网络的人体行为识别 [J]. 模

式识别与人工智能, 2015, 28 (12): 1127-1136.
[91] 韩欣欣. 基于三轴加速度计的人体活动识别 [D]. 太原: 中北大学, 2019.
[92] Cho Y K , Kim K , Ma S , et al. A Robotic Wearable Exoskeleton for Construction Worker´s Safety and Health [C] // ASCE Construction Research Congress 2018. ASCE, 2018.
[93] Wei Z Q , Kong Y Q , Wei Z G , et al. Temporal-scale Convolutional Networks for Human Action Recognition Based on Key - Frame Extraction [C] //International Conference on Computer, Communication and Network Technology (CCNT), 2018: 484-489.
[94] Yan S , Smith J S , Zhang B . Action Recognition from Still Images Based on Deep VLAD Spatial Pyramids [J]. Signal Processing Image Communication, 2017, 54: 118-129.
[95] Almaslukh B, Almuhtadi J, Artoli A. An effective deep auto encoder approach for online smartphone-based human activity recognition [J]. Int. J. Comput. Sci. Netw. Secur, 2017, 17 (4): 160-165.
[96] Huang Z , Wan C , Probst T , et al. Deep Learning on Lie Groups for Skeleton-based Action Recognition [J]. IEEE Computer Society, 2016.
[97] Asadi-Aghbolaghi M , Albert Clapés, Bellantonio M , et al. A survey on deep learning based approaches for action and gesture recognition in image sequences [C] // 2017 12th IEEE International Conference on Automatic Face & Gesture Recognition (FG 2017) . IEEE, 2017.
[98] 于华, 智敏. 基于改进 CNN 框架的人体动作识别 [J]. 计算机工程与设计, 2019 (7): 2071-2075.
[99] 宿通通, 孙华志, 马春梅, 等. 基于循环神经网络的人体行为识别 [J]. 天津师范大学学报 (自然科学版), 2018, 38 (6): 58-62, 76.
[100] 赵宇, 黄思明, 陈锐. 特征选择与空间降维概述、热点及展望 [J]. 数学的实践与认识, 2013 (15): 181-192.
[101] 赵力. 风险投资及其行为特征对于创业板 IPO 抑价率的影响 [D]. 重庆: 重庆大学, 2016.
[102] 白栋天. 基于 KINECT 的静态手势和上肢连续动作识别 [D]. 北京: 北京理工大学, 2016.
[103] 谢朝霞, 穆志纯, 谢建军. 基于 LLE 的多姿态人耳识别 [J]. 智能系统学报, 2008, 3 (4): 321-327.
[104] Mannini A, Sabatini A M. Machine learning methods for classifying human physical activity from on-body accelerometers [J]. Sensors, 2010, 10: 1154-1175.
[105] Lan, Wang, Hongsheng, et al. Construction of decision analysis system based on improved decision tree pruning algorithm and rough set classification theory [C] // 2019 9th International Conference on Education and Social Science (ICESS 2019). 2019: 259-263.
[106] Kwak N J , Song T S . Android-based human action recognition alarm service using action recognition parameter and decision tree [J]. International Journal of Security & Its Applications, 2013, 7 (4): 277-286.
[107] Chen Z , Cao Y , He S , et al. Development of models for classification of action between heat-clearing herbs and blood-activating stasis-resolving herbs based on theory of traditional

Chinese medicine [J]. Chinese Medicine, 2018, 13 (1): 12.

[108] Song W , Ma X , Jacobsen H A . Instance Migration Validity for Dynamic Evolution of Data-Aware Processes [J]. IEEE Transactions on Software Engineering, 2019, 45 (8): 782-801.

[109] 姜鸣. 基于体感网的人体动作监测识别的研究 [D]. 大连: 大连理工大学, 2012.

[110] Lara O D . Centinela: A human activity recognition system based on acceleration and vital sign data [J]. Pervasive & Mobile Computing, 2012, 8 (5): 717-729.

[111] Tao Y, Deng H, Yang F Y, et al. Hierarchical clustering algorithm based on DTW distance measurement [J]. Computer Engineering and Design, 2019, 40 (1): 116-121.

[112] Zhang K B, Zhao P H . Daily Sports Action Recognition Based on HOG Feature and SVM [J]. Journal of Hub Engineering University, 2018, 38 (6): 55-61.

[113] Schuster-Böckler, Benjamin, Bateman A . An introduction to hidden markov models [J]. Curr Protoc Bioinformatics, 2007, 18 (1): 1-9.

[114] Yang S Q, Luo X Y, Qiao D, et al. Continuous action segmentation and recognition based on sliding window and dynamic programming [J]. Journal of Computer Applications, 2019, 39 (2): 348-353.

[115] Wei M . A study on radar type recognition based on the combination of ANN and likelihood ratio theory [J]. Computer Engineering and Applications, 2002, 38 (21): 225-227.

[116] Maierdan M , Watanabe K , Maeyama S . Human action recognition based on the angle data of limbs [C] // International Symposium on Soft Computing & Intelligent Systems. IEEE, 2014.

[117] 陈先昌. 基于卷积神经网络的深度学习算法与应用研究 [D]. 杭州: 浙江工商大学, 2014.

[118] Pan S J , Yang Q . A Survey on Transfer Learning [J]. IEEE Transactions on Knowledge & Data Engineering, 2010, 22 (10): 1345-1359.

[119] Elouedi Z , Lefevre E , Mercier D . Discountings of a belief function using a confusion matrix [C] // IEEE International Conference on Tools with Artificial Intelligence. IEEE, 2010.

[120] 陈野. 基于可穿戴传感器数据的人体动作识别方法的研究 [D]. 大连: 大连理工大学, 2018.

[121] Menon R , Kamper H , Yilmaz E , et al. ASR-free CNN-DTW keyword spotting using multilingual bottleneck features for almost zero-resource languages [C] //The 6th Intl. Workshop on Spoken Language Technologies for Under-Resourced Languages, 2018.

[122] 鹿天然, 于凤芹, 陈莹. 有效视频帧时间序池化的人体行为识别算法 [J]. 计算机工程, 2018, 44 (12): 277-281, 293.

[123] Huang C H , Yin J , Hou F . A text similarity measurement combining word semantic information with TF-IDF method [J]. Chinese Journal of Computers, 2011, 34 (5): 856-864.

[124] 李鹏飞. 基于 Kinect 的体感识别技术及其在旗语培训中的应用 [D]. 成都: 西南交通大学, 2015.

[125] Lara O D , Labrador M A. A survey on human activity recognition using wearable sensors [J].

IEEE Communications Surveys & Tutorials, 2013, 15 (3): 1192-1209.

[126] Vigueras-Guillén J P, Sari B , Goes S F , et al. Fully convolutional architecture vs sliding-window CNN for corneal endothelium cell segmentation [J]. Bmc Biomedical Engineering, 2019, 1 (1): 1-16.

[127] Ince T, Kiranyaz S, Eren L, et al. Real-time patient-specific ECG classification by 1-D convolution neural networks [J]. IEEE Transactions on Biomedical Engineering, 2016, 63 (3): 664-675.

[128] Carey J M, Brinkmann R. Apparatus for direction finding of wireless signals: U S, 2013003848AI [P]. 2013-02-14.

[129] Hu G, Wang K J, Peng Y, et al. Deep learning methods for underwater target feature extraction and recognition [J]. Computational Intelligence and Neuroscience, 2018, 2018 (pt. 1): 1214301.

[130] 吴俊, 管鲁阳, 鲍明, 等. 基于多尺度一维卷积神经网络的光纤振动事件识别 [J]. 光电工程, 2019, 46 (5): 76-83.

[131] Zhang Z X , Wang J L , Liu C L . An overview of synchronization methods of grid fundamental signal [J]. Applied Mechanics & Materials, 2014, 494-495: 1779-1783.

[132] Yang X X, Liu Y, Wang C, et al. Study of dam safety monitoring model based on improved PSO algorithm and SVM theory [J]. Yangtze River, 2015, 46 (18): 97-100, 104.

[133] Huang L W , Shao Y H , Zhang J , et al. Robust rescaled hinge loss twin support vector machine for imbalanced noisy classification [J]. IEEE Access, 2019, PP (99): 1.

[134] Li J C, Ying Y L, Ren Y, et al. Research on rolling bearing fault diagnosis based on multi-dimensional feature extraction and evidence fusion theory. [J]. Royal Society Open Science, 2019, 6 (2): 181488.

[135] Li K , Cheng G , Bu S , et al. Rotation-insensitive and context-augmented object detection in remote sensing images [J]. IEEE Transactions on Geoscience and Remote Sensing, 2018, 56 (4): 2337-2348.

[136] Lecun Y, Bottou L, Bengio Y, et al. Gradient-based learning applied to document recognition [J] . Proceedings of the IEEE, 1998, 86 (11): 2278-2324.

[137] Cun Y L , Boser B , Denker J , et al. Handwritten digit recognition with a back-propagation network [C] // Advances in Neural Information Processing Systems. Morgan Kaufmann Publishers Inc. 1990.

[138] S. Ioffe, C. Szegedy. Batch normalization: Accelerating deep network training by reducing internal covariate shift [J]. arXiv preprint arXiv: 1502. 03167, 2015.

[139] Huajun, Zhou, Zechao, et al. Deep networks with non-static activation function [J]. Multimedia Tools & Applications, 2018.

[140] Kara E . Numerical investigation of slant angle effect on a simplified car model with solution adaptive cartesian grid method [C] // International Congress of Automotive and Transport Engineering. Springer, Cham, 2018.

[141] 赵晨雪. 基于可穿戴传感器的人体行为识别研究 [D]. 南京: 南京邮电大学, 2018.

[142] Lecun Y, Bengio Y, Hinton G. Deep learning [J]. Nature, 2015, 521 (7553): 436-444.

[143] Gao L , Chen P Y , Yu S . Demonstration of convolution kernel operation on resistive cross-point array [J]. IEEE Electron Device Letters, 2016, 37 (7): 870-873.

[144] Boureau Y L , Ponce J , Lecun Y . A theoretical analysis of feature pooling in visual recognition [C] // International Conference on Machine Learning. DBLP, 2010.

[145] Sainath T N , Mohamed A R , Kingsbury B , et al. Deep convolutional neural networks for LVCSR [C] // Acoustics, Speech and Signal Processing (ICASSP), 2013 IEEE International Conference on. IEEE, 2013.

[146] Chen Y , Chi Y , Fan J , et al. Gradient Descent with Random Initialization: Fast Global Convergence for Nonconvex Phase Retrieval [J]. Mathematical Programming, 2018, 176 (1): 5-37.

[147] Pan R , Wang Z Z , Guo Y B , et al. Analysis of corrective characteristics of various polishing methods for mid-frequency errors [J]. ARCHIVE Proceedings of the Institution of Mechanical Engineers Part C Journal of Mechanical Engineering Science 1989-1996 (vols 203-210), 2014, 228 (3): 525-534.

[148] Mittal S , Kaushik P , Hashmi S , et al. Robust Real Time Breaking of Image CAPTCHAs Using Inception v3 Model [C] // 2018 Eleventh International Conference on Contemporary Computing (IC3) . IEEE Computer Society, 2018.

[149] Simonyan K, Zisserman A. Two-Stream Convolutional Networks for Action Recognition in Videos [J]. Computer Science, 2014.

[150] Wang L, Xiong Y, Wang Z, et al. Temporal segment networks: Towards good practices for deep action recognition [C] //European Conference on Computer Vision. Springer, Cham, 2016: 20-36.

[151] 白雪. 基于双流网络的人体动作识别 [D]. 郑州: 郑州大学, 2019.

[152] Wang T , Chen Y , Zhang M , et al. Internal transfer learning for improving performance in human action recognition for small datasets [J]. IEEE Access, 2017: 1.

[153] Ioffe S , Szegedy C. Batch Normalization: Accelerating deep network training by reducing internal covariate shift [C] //32nd International Conference on Machine Learning, 2015: 448-456.

[154] 何欣颖, 吴黎明, 郑耿哲, 等. 基于 Inception-ResNet-v2 的乳腺癌辅助诊断方法 [J]. 自动化与信息工程, 2020, 41 (1): 16-21.

[155] Liang J , Gonzalez S , Miikkulainen R . Population-Based Training for Loss Function Optimization [J]. 2020.

[156] 李航. 统计学习方法 [M]. 北京: 清华大学出版社, 2012.

[157] Zhao H, Gallo O, Frosio I, et al. Loss functions for image restoration with neural networks [J]. IEEE Transactions on Computational Imaging, 2017, 3 (1): 47-57.

[158] 邓建国, 张素兰, 张继福, 等. 监督学习中的损失函数及应用研究 [J]. 大数据, 2020, 6 (1): 60-80.

[159] Liu W, Wen Y, Yu Z, et al. Large-margin softmax loss for convolutional neural networks

[C] //The 33rd International Conference on Machine Learning, June 19-24, 2016, New York, USA. [S. l. : s. n.], 2016: 507-516.

[160] Takase T , Oyama S , Kurihara M . Effective neural network training with adaptivelearning rate based on training loss [J]. Neural Networks, 2018, 101: 68.

[161] Painskya, Wornellg. On the universality of the logistic lossfunction [C] //2018 IEEE International Symposium on Information Theory, June 17-22, 2018, Vail, USA. Piscataway: IEEE Press, 2018: 936-940.

[162] Anna Sergeevna Bosman, Andries Engelbrecht, Mardé Helbig. Visualising basins of attraction for the cross-entropy and the squared error neural network loss functions [J]. Neurocomputing, 2020 (400): 113-136.

[163] 邹晓辉. 基于 Logistic 回归的数据分类问题研究 [J]. 智能计算与应用, 2016, 6 (6): 139-140, 143.

[164] Meignan D , Knust S . Aneutrality-based iterated local search for shift scheduling optimization and interactive reoptimization [J]. European Journal of Operational Research, 2019, 279 (2): 320-334.